장사의 달인은 장사하지 않는다

장사의 달인은 장사하지 않는다

고객만족 서비스로 성공한 장사의 달인
신환수의 〈바다황제〉 이야기

호이테북스
today

1장

장사하려면 초석부터 세워라

2장

매장을 안방처럼, 직원을 가족처럼

3장

맛을 넘어 가치로 승부하라

4장

고객만족이 궁극적인 답이다

성공하려면
성공한 사람의 길을 따라가라

　우리나라는 전 세계에서 유래를 찾아볼 수 없을 만큼 자영업자의 비중이 높은 나라다. 그중에서도 식당과 음식점의 수는 사람들의 상상을 초월한다. 하룻밤 자고 나면 10개가 생겨나서 8~9개가 망한다고 한다. 십중팔구 망하는 것이다. 또한 2년을 넘기는 식당이나 음식점은 눈을 씻고도 찾아보기 힘들다고 한다. 게다가 최근에는 젠트리피케이션(Gentrification)으로 일컬어지는 현상까지 겹치면서 장사를 하는 상황은 더욱 열악해지고 있다.

　그럼에도 불구하고 낙타가 바늘구멍을 통과하는 것보다 어렵다는 음식점 분야에서 수많은 어려움을 뚫고 마침내 성공에 도달한 한 음식점 사장이 있다. 그는 외모로만 보면 둥글둥글한 모습에 배까지 듬직하게 나와 성격이 좋아 보이는 평범한 아저씨다. 하지만 TV 등 방송은 물론 창업 강의에서도 예비 창업자들에게 피가 되고 살이 되는 생생한 이야기로 유명세를 떨치고 있다.

그 주인공이 바로 이 책의 저자인 〈바다황제〉 신환수 대표이다. 장사 경력 35년에 산전, 수전, 공중전을 모두 겪은 그가 드디어 이 책으로 자신의 장사 대박 노하우를 세상에 내놓게 되었다. 그동안 책을 쓰라는 무수히 많은 권유에도 손사래를 치며 얼굴을 붉히더니 남몰래 펜을 갈고 있었나 보다.

사람들이 성공하는 데 가장 빠른 길은 무엇일까? 나는 성공한 사람의 발자취를 따라가면 된다고 생각한다. 성공한 사람은 자신의 발자취를 통해 충분한 교훈과 함께 우리가 겪을 일들을 미리 알려준다. 과연 이보다 더 확실한 보증수표가 어디 있단 말인가.

그럼에도 불구하고 우리는 그 사람의 성공을 너무 과소평가하거나 쉽게 폄하한다. 때로는 그 사람의 성공에 대한 노력과 노하우까지 부정하기도 한다. 하지만 그것은 옳지 않다. 그 반열에 오르기까지 그 사람은 자신만의 철학을 기반으로 보이지 않는 엄청난 노력과 새로운 방식의 실험을 했을 것이다. 성공을 위해 그것을 오롯이 인정하고, 받아들이고, 자신의 삶이나 비즈니스에서 실천하는 것은 매우 현명한 선택이다.

이 책을 쓴 신환수 대표는 건강한 철학, 남다른 관점과 사고, 결단 있는 실행력 등 많은 장점을 고루 지닌 사람이다. 이런 사람과 안면을 트고, 인연을 맺고 있다는 것은 개인적으로도 큰 영광이자 행운이다. 게다가 그는 아주 따뜻한 심성의 소유자이기도 하다. 지역에서 많은 봉사활동을 하고 있을 뿐만 아니라 주변의 어려운 사람을 그냥 지나치는 법이 없으며, 함께 잘 되어야 한다는 대동정신으로 주변 사람들의 많은 신뢰와 존경을 받고 있다.

그런 그가 이 책에서는 과감하게 자신의 경험과 노하우를 펼쳐내 자영업자들에게 꿈과 희망을 선물하고 있다. 그의 주장이나 제안을 받아들이고 안 받아들이고는 당신 선택이다. 하지만 반평생 넘게

장사에만 올인했던 한 사내의 이야기에서, 실천하거나 활용할 수 있는 비법 하나만 얻어가도 얼마나 큰 이익이겠는가. 그가 걸어간 길을 따라 묵묵히 한 페이지, 한 페이지씩 읽어 내려가다 보면 당신은 어느새 장사의 큰 로드맵을 찾을 수 있을 것이다. 모쪼록 성공의 길이 그대와 함께 있으라.

주식회사 외식인 CSO

현성운

장사, 치열하게 성공하라

　나는 장사꾼이다. 그것도 대한민국에서 가장 경쟁이 치열하다는 음식점, 즉 식당을 하고 있다. 그중에서도 가장 힘들고, 고객들이 까다롭다는 해산물을 취급하는 일식집을 운영하고 있다. 더욱이 대전광역시에서 상권이 별로 좋지 않은 대흥동 뒷골목에 가게를 크게 차려놓고 영업을 하고 있다. 모르는 사람들이 본다면 아마 '저 놈 정신 나간 거 아냐?'라고 생각할지도 모르겠다.

　나는 그나마 장사가 어느 정도 잘 돼서 외부에 이름이 알려진 덕에 황송하게도 방송에 몇 번 출연하고, 시간이 허락하는 한도 내에서 식당 창업을 준비하는 사람들을 대상으로 강의를 하는 영광을 누렸다. 사실 내 가방끈의 길이로만 본다면 석사와 박사들이 널린 우리나라에서 그것은 언감생심이라고 할 수 있다.

　아울러 방송을 몇 번 탔기 때문일까? 수많은 사람들이 우리 식당

에 들러 내 바짓가랑이를 붙들고 장사가 잘 되는 비결을 꼬치꼬치 물고 갔다. 어떤 사람들은 마치 성지 구경이라도 하듯, 주방이며 가게 곳곳을 둘러보면서 연신 사진기를 눌러대기도 했고, 어떤 사람들은 무엇 하나도 놓치지 않겠다는 듯 눈으로 세심하게 훑어보며 호기심 어린 표정으로 질문을 한아름 쏟아내기도 했다. 어디 그뿐인가. 때로는 넌지시 찾아와 자기 가게에 들러 컨설팅을 부탁하는 사람도 많았다.

나는 이렇게 찾아오거나 부탁하는 사람들을 거의 마다하지 않았다. 웬만한 사람이라면 장사에 불편함을 주기 때문에 손사래를 쳤을 것이다. 하지만 나는 기본적으로 사람을 좋아했다. 그렇다고 해도 찾아오는 사람이 매번 반가울 수만은 없었다. 장사에 방해가 되기도 했고, 게다가 사람을 맞이한다는 것은 여간 수고스런 일이 아니었다. 똑같은 말을 반복하고 그들을 환대하는 데 드는 노력과 시간을 생각할 때, 뭔가 대책이 필요하다는 생각도 들었다.

책을 쓰기로 마음먹은 것은 바로 이 때문이었다. 똑같은 말을 백 번 하기보다 책을 한 권 쥐어준다면 훨씬 효과적일 것이라는 판단이 들었다. 그렇지 않아도 이미 오래전부터 주변에서 많은 사람들이 책을 한번 써보는 게 어떻겠느냐고 권유를 해왔던 터였다. 이 모든 것들이 발단이 되어 드디어 여기 한 권의 책을 내놓게 되었다.

반평생 넘게 장사를 하면서 보고 느끼고 생각한 것들을 묶는 작업은 의외로 쉽지 않았다. '다른 사람들도 이미 아는 내용이지 않을까?' 하는 조바심에 잠깐 용기를 잃은 적도 있었다. 하지만 한 사람에게라도 보탬이 된다면 나름대로 의미가 있겠다는 생각이 들었다. 그렇게 스스로를 다독이고 추스르며 써내려간 결과물이 바로 이 책이다.

이 책은 기본적으로 장사하는 사람들을 위한 책이다. 그중에서도

식당이나 음식점, 외식업 쪽에 종사하는 사람들이 읽으면 좋을 책이
다. 여기에는 기본적으로 내 경험과 통찰을 통해 매장을 운영하는
철학과 방식, 노하우 등이 담겨 있다. 물론 전체적으로 동의하지 않
는다면 반면교사를 통해 부분만을 활용해서 자신만의 원칙을 세우
고 만들면 된다.

　성공의 전제조건은 치열함에 있다. 치열해야 구하고, 구해야 얻을
수 있다. 지금 당신이 이 책을 집어든 것은 치열했기 때문이다. 그
치열함을 끝까지 유지해 많은 것을 구하고 얻기를 바란다.

　이 책을 쓰면서 감사할 사람이 참 많다.

　사랑하는 가족, 낳아주시고 길러주신 부모님, 스무고개 식구들,
대흥동 골목 상권 공동 개척자들, 그리고 〈바다황제〉를 믿고 찾아
주신 고객분들께 감사드린다. 이런 분들이 지금의 나를 있게 했다.

　그리고 별난 사장을 믿고 따르며 항상 자기 것처럼 모든 노력을

아끼지 않는 〈바다황제〉 식구들에게도 감사한다. 모쪼록 이 책을 읽는 모든 분들에게 항상 성공과 행복, 건강과 행운이 함께하기를 기원한다.

대전광역시 대흥동에서

〈바다황제〉 신환수

1장
/
장사하려면
초석부터 세워라

1. 생각의 크기가 모든 것을 결정한다
2. 조미료 대신 진심을 버무려라
3. 팔리는 대로만 팔면 망한다
4. 항상 칼을 갈고 날을 세워라
5. 초심으로 맞이하고, 진심으로 마무리하라
6. 절대 혼자서만 성공하려 들지 마라

장사하려면 초석부터 세워라

생각의 크기가
모든 것을 결정한다

장사, 왜 하는가?

장사를 해온 35년 동안 나는 항상 '왜 장사를 하는가?'라는 질문을 해왔다. 청주에서 대전 은행동을 거쳐 2008년 대전의 원도심인 대흥동으로 와서 〈바다황제〉를 창업한 후 10여 년 동안 장사를 하는 내내 나는 끊임없이 이 질문을 스스로에게 던지곤 했다. 처음에는 내 답도 장사를 하는 여느 사람들처럼 '그저 돈을 많이 벌기 위해서' 였다.

어릴 적 우리 집은 학교 앞에서 장사를 했었다. 그때 어머님은 문방구를 비롯해 떡볶이 등도 파셨다. 그리고 명절이면 선물세트나

과일 등도 구해다 파셨다. 곁에서 그것을 지켜보면서 내 안에서 자연스레 장사꾼의 DNA가 싹트지 않았나 싶다. 시골 학교에서 청주로 전학을 가서는 친구들의 고향에서 올라온 고추나 채소 등을 팔며 장사에 대한 꿈은 더욱 커지고 강해졌다.

그 당시 내 꿈은 1억 원을 버는 것이었다. 그 돈이면 평생을 먹고 사는 데 문제가 없어 보였기 때문이다. 그래서 돈을 빨리 벌고 싶다는 마음에 가출을 7번이나 하기도 했다. 그만큼 돈에 대한 강한 집착이 내 안에는 자리하고 있었다.

〈바다황제〉를 개업할 때까지만 해도 금액만 달라졌지 돈을 많이 벌겠다는 마음에는 큰 차이가 없었다. 그런데 한 달쯤 지난 어느 날이었다. 일명 '개업빨'이 점점 빠지면서 장사가 지지부진할 때였다. 지금은 돌아가신 어머니께서 예고 없이 식당을 방문하셨다. 몸이

장사는 한 때의 이익을 보고 하는게 아니다.
손님께 바가지 씌우지 말고 바가지는 니가 써라.
- 장사에 대한 돌아가신 어머니의 말씀 -

장사는 끊임없는 고객 유치 작전이다. 바가지를 씌우는 순간 고객 유치는 물 건너간다.

편찮으신데도 이런저런 일을 도와주시더니 집으로 돌아가시는 날 내게 뜬금없이 이런 말을 던지셨다.

"장사는 한 때의 이익을 보고 하는 게 아니다. 손님에게 바가지 씌우지 말고 바가지는 니가 써라."

그 말씀을 하시는 어머니는 내가 장사하는 모습에서 뭔가 문제점을 느끼셨던 모양이었다. 어머니께서 가시고 난 후 나는 한참 동안 눈을 감고 생각했다. '내가 눈앞의 이익에만 너무 몰두했었나?' 하는 자기반성이 일었다. 나보다 세상을 오래 사신 어머니의 충고가 내 안에 깊은 울림을 던져주었던 것이다. 그리고 나니 생각이 바뀌었다. 장사를 하는 이유가 개인적인 부와 성공을 넘어 좀 더 큰 것과 연결되기 시작했다.

그 후 나는 〈바다황제〉를 개인의 이익이 아니라 고객을 생각하고, 만족과 감동을 주는 식당으로 리모델링했다. 일명 '배 터트려주는 일식집'으로 업종을 바꾼 것이다. 그러자 생각지도 않았던 일들이 눈앞에서 벌어졌다. 고객이 그야말로 물밀 듯이 몰려오기 시작했다. 어머니의 말씀 한마디로 머릿속에 있는 생각을 바꾸자 본격적으로 '장사빨'이 생기기 시작한 것이다. 이처럼 생각 하나만 바꾸면 장사는 물론 인생이 바뀔 수 있다.

생각의 크기가 성공의 크기를 결정한다

많은 자기계발서나 경영서들은 말한다. '생각의 크기가 곧 성공의 크기'라고. 이 말은 절대 진리다. 그 주인공이자 산증인이 바로 나이기 때문이다. 나만 생각하던 때에는 나만 겨우 먹고살 만큼 벌었다. 그런데 좀 더 큰 것을 생각하고, 다른 사람을 생각하자 베풀 만큼 벌게 되었다. 정말 오묘하고도 기막힌 진리이지 않는가?

이 세상에는 무수히 많은 직업들이 존재한다. 통계에 따르면 그 수가 수만 가지에 이른다고 한다. 그 많은 직업 중에서 자영업, 그중에서도 나는 식당을 선택했다. 어릴 적 꿈을 따라 처음에는 아무런 고민이나 생각 없이 선택했지만 이제 그것은 내게 필연이 되었다. 돈을 벌기 위해 시작한 일이었지만, 지금은 나에게 너무나 의미 있고, 즐거우며, 가치 있는 일이 된 것이다.

이와 같이 우리는 저마다 원하든 원하지 않든 직업을 선택하고 살아간다. 하지만 정작 직업에 대해 깊게 생각해볼 기회를 스스로에게 주지 않고 살아간다. 여기서 갑작스레 질문을 하나 던진다.

생각이 커야 그릇의 크기가 커진다.
그릇이 커야 성과의 크기도 커진다.

"당신에게 직업이란 무엇인가?"

사전에서 그 의미를 찾아보면 '생계를 유지하기 위해 자신의 적성과 능력에 따라 일정한 기간 동안 계속하여 종사하는 일'이라는 내용이 나온다. 그렇다면 사람들이 직업 선택에서 가장 우선순위에 두는 것은 무엇일까? 대개는 과거의 나처럼 '생계유지와 돈을 벌기 위해서'일 것이다. 물론 먹고살기 위한 수단으로서의 직업을 폄하하려는 것이 아니다. 그리고 폄하해서도 안 된다.

문제는 그저 생계유지와 돈을 벌기 위해 일하다 보면 그것은 노동이 되어 버린다는 것이다. 노동이란 '사람이 생활에 필요한 물자를 얻기 위하여 육체적 노력이나 정신적 노력을 들이는 행위'를 말한다. 그냥 듣기만 해도 피곤하지 않은가? 노동은 그 자체가 신성한 것이지만, 이 말 속에는 살기 위한 것 외에 어떠한 의미도 없다. 이처럼 가치를 가지지 못하는 그런 일을 당신은 과연 의미 있다고 여기고, 오래 지속할 수 있겠는가?

"바다는 메워도 사람의 욕심은 메울 수가 없다"는 말이 있다. 사람의 욕심이 얼마나 큰지 말할 때 사용하는 경구이다. 단지 그것을 채우기 위해 재물이나 돈으로만 직업의 잣대를 들이댄다면 그 사람은 천박해지고, 수전노가 되며, 만족하지 못하고, 말년이 좋지 않다. 또한 세상은 의미와 명분과 가치를 잃고 각박해지기 쉽다. 그래서 나는 돈을 산소에 비유해 말하곤 한다. 산소가 숨 쉴 때 꼭 필요한 것처럼 돈도 생존을 위해서는 반드시 있어야 한다. 하지만 돈이 많다고 해서 밥을 산더미처럼 많이 먹을 수는 없다. 돈은 먹고살 정도면 충분하다. 욕심이 과하면 오히려 사람을 잃고, 위험에 빠지기 쉽다.

뜨거운 장사 철학을 가슴에 품자

나는 일주일에 한 번은 반드시 식당 문을 닫고 장사가 잘 되는 곳을 찾아다니는 일명 '맛집 탐방'을 한다. 일주일에 한 번 나에게 주는 휴가라고 할 수 있다. 대략 일주일에 20여 곳을 다니다 보니 지금까지 모두 13,000여 곳을 다녔다. 전국에 있는 식당을 어느 누구보다 많이 다녔다고 자부할 수 있다. 많은 경우 하루에 15끼를 먹기 때문에 사람들은 나를 '먹방왕'이라고 부르기도 한다.

이렇게 장사가 잘 되는 가게들을 들러서 음식을 먹고 유심히 관찰하면서 나는 그곳들의 공통점을 몇 가지 발견할 수 있었다. 그중에서도 대표적인 것이 '고객을 가족처럼', '고객님은 저의 왕이십니다!'와 같은 문구가 있다는 것이었다. 이러한 문구는 고객을 대하는 스스로의 마음가짐을 담은 것이라 할 수 있다. 결론적으로 말하자면 이들은 자신을 버리고 고객을 선택하는 결단과 마음으로 성공했다고 할 수 있다. 이순신 장군의 말처럼, 죽으려는 자는 살고 살려는 자는 죽는 것과 같은 이치가 그들의 성공 이면에는 자리하고 있었던 것이다.

음식점 장사도 경영이다. 대기업만 경영을 하는 것이 아니다. 나 홀로 가게일지라도 경영을 한다는 것과 그렇지 않은 것은 차원이 다르다. 성공을 말할 때 빠지지 않고 언급하는 것이 있다. 바로 '마인드'다. 우리말로 해석한다면 '철학' 혹은 '마음가짐'이라고 할 수 있다. 많은 사람들이 성공 비결에 대해 물으면 나는 가장 첫 번째로 '마음가짐'을 꼽는다. 그 마음가짐이란 다름이 아니라 '손님이 행복하게 느낀다면 그것이 성공'이라는 것이다.

내가 장사를 하는 많은 사람들을 컨설팅하면서 첫 번째로 발견한 공통점이 있다. 바로 무계획성이다. 그들이 계획을 하지 않았던 이유는 대부분 철학이 없고 경영을 생각하지 않았기 때문이다. 그들은 그저 하루하루 생계를 유지하고 돈만 벌기 위해서 장사를 하기 때문에, 계획을 전혀 하지 않았고 경영을 하지 않았다. 계획을 하지 않으니 장사가 잘될 리 없었다. 그저 한숨과 하소연만 이어질 뿐이었다.

당신도 한 번 생각해보라.

'나는 왜 장사를 하는가?'

나아가 '고객은 나에게 무엇인가?', '고객은 나에게 어떤 존재인가?'라고 질문해보라. 고객을 생각하는 문구를 만들어 눈에 보이는 곳에 두고 항상 되뇌어보라. 사랑하는 사람도 보이지 않으면 잊히는 법이다. 하물며 가끔씩 들러서 보는 또는 가다가 우연히 들른 고객이야 어떻겠는가. 직업과 고객을 내 안에 정의하는 순간, 당신은 뜨거운 성공의 알을 가슴속에 품은 것이다. 그 알이 부화될 때까지 꾸준히 그 말을 실천하면 성공은 자연스레 따라오게 마련이다. 이미 장사에서 성공한 많은 사람들이 이를 증명하고 있다. 따르지 않을 이유가 없다.

조미료 대신
진심을 버무려라

맛의 무한경쟁 시대, 그 해법은 무엇일까?

최근 TV에 음식 관련 프로그램이 크게 늘었다. 각 프로그램마다 전국의 유명한 맛집을 소개하고, 유명 요리사가 출연하고 있다. 심지어 이름만 대면 알 수 있는 유명 요리사들이 나와 자웅을 겨루는 프로그램까지 생겨났다. 음식점과 요리사들이 마치 고대 중국의 춘추전국시대처럼 패권을 다투는 형세에까지 이른 것이다.

어디 그뿐인가. 블로그나 인스타그램 등과 같은 SNS에서는 맛집을 찾아 사진을 찍거나 평가하는 것이 한창 유행이다. 파워 블로거의 평점 하나, 탐방기 하나에 매출이 널뛰기를 하고 희비가 교차하기도 한다. 한 음식점은 미슐렝 가이드에 올라 큰 관심을 불러일으키며 그야말로 대박을 터트리기도 했다. 심지어는 짬뽕 하나를 먹기 위해 지방에 있는 중국집을 찾아가거나 우동 한 그릇을 먹기 위해 비행기를 타고 당일치기로 일본에까지 가는 사람도 있다고 한다. 이처럼 고객들이 식도락을 즐기기 위해 국제 여행까지 하는 것을 감안한다면 경쟁은 이제 국내에서 해외로까지 확장되었다고 해도 과언이 아니다.

지난날 못살고 배고프던 시절에는 끼니를 거르지 않는 것만으로도 사람들은 큰 행복을 느꼈다. 그런데 지금은 어떤가. 어디든 먹을 것이 천지에 널려 있다. 돈만 있으면 된다. 그래서일까. 아무리 비싸고 맛있는 것을 먹어도 크게 행복을 느끼지 못한다. 더욱이 품질까지 어느 정도 표준화되다 보니 맛으로 차별적 가치를 제공하는 것이 매우 힘들어졌다.

그렇다면 이런 상황에서 어떻게 해야 고객을 당신 가게로 끌어들일 수 있을까? 그 답은 고객 서비스에 있다. 어떤 사람들은 품질, 즉 맛이 더 중요하지 않느냐고 말할지도 모른다. 맛이 월등하다면 그보다 더한 차별성은 없을 것이다. 하지만 맛에서 그런 차별성을 가진 곳이 과연 얼마나 있겠는가. 이미 사람들의 입맛은 맛집을 순례하면서 상향 평준화되어 있고, 거기에 길들여져 있다. 품질, 즉 맛으로 고객을 끌어당기기란 이제 하늘의 별따기가 되었다. 내가 고객 서비스가 더욱 중요하다고 주장하는 이유도 바로 여기에 있다.

장사하는 사람의 입장에서는 맛을 품질로 생각할 수 있겠지만, 고객 입장에서는 이 또한 서비스의 넓은 의미에 포함될 수 있다. 고객 서비스라고 하면 우리는 일반적으로 접객 서비스만을 떠올린다. 즉 고객을 직접 대면하면서 제공하는 기본적인 서비스만 생각하는 것이다. 그 목적은 단지 고객이 불편하지 않도록, 고객에게 불만이 생기지 않도록 하는 데 초점이 맞춰져 있다. 그것은 좁은 의미의, 가장 하위 개념의 서비스에 불과하다.

서비스의 개념을 확장하라

당신은 고객에게 한 번 팔고 말 것인가? 그러고 싶은 사람은 아마 한 사람도 없을 것이다. 여기서 내가 말하는 고객 서비스란 넓은 의미로서, 고객관리적인 측면에 훨씬 가깝다. 즉 한 번 찾아온 고객을 다시 찾도록 하는 것을 의미한다. 고객은 길을 가다가 또는 편한 약속 장소를 찾다가 우연히 당신 가게에 들렀을 수 있다. 고객 서비스란 그런 고객이 다시 찾게끔 만드는 비책으로, 우연을 인연으로 만들고 궁극적으로는 필연으로 만드는 것을 뜻한다.

그렇게 만들기 위해서는 기본적으로 투자가 필요하다. 여기서 투자란 직원 수를 늘리거나 인테리어를 새로 업그레이드하는 것과 같이 많은 돈을 들여서 하는 것이 아니다. 결론적으로 말한다면 진심과 성심으로 고객을 대하는 것을 가리킨다. 작은 장사꾼은 눈앞의 이익만 추구하게 마련이다. 바가지를 씌워 한 번만 팔고 마는 것이다. 그러니 고객이 계속 찾아올 리 없고, 고객의 숫자가 지속적으로 늘어날 리가 없다. 따라서 충성고객을 만드는 것은 생각조차 할 수 없다. 반면 큰 장사꾼은 사람의 마음을 추구한다.

만족하거나 감동하면 고객은 나의 아바타가 된다. 그들이 스스로 고객을 데려온다. 도갓치고 가게 잡는 비결이다.

우리 가게는 매일 아침 10시 30분이면 마치 군대에서 하는 아침 점호처럼 30여 명이 넘는 직원들이 모두 모여 조회를 한다. 이때 나를 비롯한 모든 직원들은 머리에 바가지를 쓴다. 그리고 내가 "바가지는"을 외치면 직원들은 "내가 쓰겠습니다"라고 구호를 외친다. 평소에 고객에게 바가지를 씌우지 않고 우리가 대신 쓰겠다는 진심을 강하게 피력하고 그것을 직원들과 공유하기 위해 나는 이런 행동을 하고 있다.

당신은 '참 별난 퍼포먼스를 하네'라고 생각할지도 모르지만, 이 정도로 고객을 만족시키겠다는 각오도 없이 어떻게 고객을 진심으로 받들 수 있겠는가. 이것은 한두 번의 행동으로 끝나는 가식이 아니다. 온 마음으로 고객을 섬기겠다는, 고객만족을 위해서라면 우리가 바가지를 쓰겠다는 진심의 표현이다.

문제는 맛이 아니라 진심

우리가 사는 세상에는 아주 커다란 진리가 있다. 사랑받기 위해서는 먼저 남을 사랑하고 배려해야 한다는 것이다. 고객과의 관계도 마찬가지다. 고객의 사랑을 받고, 고객과 진실한 관계를 구축하기 위해서는 먼저 이익을 챙기겠다는 사심을 버리고 순수한 마음과 진심으로 다가가야 한다. 실제로 인류 역사상 아주 오랫동안 이어져 온 가게들을 방문해 보면 그 주인들이 대대손손 진심으로 고객을 배려하고, 이타적인 마음을 소유한 사람들인 경우가 많다.

우리가 익히 들어서 아는 부산의 삼진어묵이나 대전에서 수십 년 간 지속적인 성장을 거듭한 성심당이 대표적이다. 이들 모두는 고객과 직원과 지역민들에게 진심을 다해서 성공한 기업들이었다. 대기업과 치열하게 경쟁하면서도 그 기업들이 지역민과 소비자의 사랑을 받아 꿋꿋하게 성장할 수 있었던 것은 고객 서비스의 개념을 확장하고, 세월이 흘러도 변함없이 진심을 다해 고객을 만족시켰기 때문이다.

나는 〈바다황제〉를 운영하면서 맛을 팔기보다는 진심과 행복을 판다고 생각한다. 이를 위해 우리 식당은 기쁨, 친절, 배려를 담아 육수를 끓이고, 연민과 자애라는 양념을 넣는다. 이기심의 조각이 보이면 건져내 버리고, 짜증도 제거한다. 그리고 맛이 날 만큼 오래 인내하고 보글보글 끓인 후, 사랑이라는 소스와 감사라는 향료를 뿌리고 식탁에 올리면 최고의 인격과 교양을 갖춘 음식이 마련된다. 이렇듯 나는 가족에게 식사를 준비하는 마음으로 건강하고 신선한 재료를 사용하며, 정성을 다해 음식을 만든다.

나는 직원들에게도 다음과 같은 사항을 강조한다.

· 신선한 재료가 곧 맛이다.
· 내 가족을 위해 준비하듯 정성을 다하라.
· 음식을 음식답게 만들어라.

당신은 어떤가. 고객을 진심으로 대하고 있는가? 혹시 자신의 이익을 위해 고객 앞에서만 웃으며 가식적으로 대하고 있지는 않는가? 당신의 고객은 어떤가? 당신과 당신의 가게에 만족하고 있는가?

과거에 어머니께서는 음식을 마음과 정성으로 만든다고 말씀하셨다. 지금 와서 보니 그 말이 결코 틀린 말이 아니다. 조미료로만 음식을 만든다면 그것은 뭔가 결핍된 맛을 낼 수밖에 없다. 고객이 다시 찾아오는 이유는 음식 안에서 조미료가 풍기는 맛이 아니라 사랑과 정성을 느꼈기 때문이다. 조미료 맛만으로 고객은 절대 다시 찾아오지 않는다.

팔리는 대로만 팔면
망한다

건강한 긴장감이 성공을 만든다

우리 가게는 장사하는 사람들이 많이 찾는 것으로도 유명하다. 가게 운영이 힘에 부친 사람들, 이제 막 장사를 시작한 사람들, 새로운 아이디어를 찾는 사람들 등, 그 유형도 가지각색이다. 이렇게 방문한 사람들은 나를 보면 이렇게 말한다.

"가게 장사가 잘 돼서 정말 좋겠어요. 매출 걱정은 하지 않으실 거 아녜요."

그 말을 들을 때마다 난 가볍게 미소를 지을 뿐이다. 그렇다고 내가 정말 매출 걱정을 하지 않을까? 물론 매출에 대한 조바심은 되도록 가지지 않으려고 한다. 장사를 오랫동안 하다 보니 어제 매출이 떨어졌으면 자연스레 오늘 오르는 것을 경험했기 때문이다. 장사라는 게 참 희한하다. 매출이 오르는 날이 있으면 내리는 날이 있고, 내리는 날이 있으면 오르는 날이 있다. 결국 욕심을 내봤자 한 달로 평가해보면 차이는 그리 크지 않다.

하지만 나도 지나친 욕심을 가진 것이 있다. 어제보다 나은 고객관리, 향상된 시스템 그리고 고객만족에 대한 욕심이 그것이다. 매출이나 이익은 그다음 문제다. 더 나은 고객관리와 향상된 시스템, 고객만족이 이루어지면 그것이 곧 자연스레 매출이나 이익으로 연결되기 때문이다.

그런데 거기에는 전제조건이 있다. 바로 긴장이다. 나는 위에서 가게를 방문했던 분들이 말하던 걱정 대신 긴장을 한다. 걱정은 마음을 불안하게 만들지만, 긴장은 준비하고 목적을 달성하도록 도와주는 동기부여자이자 매개체이기 때문이다. 걱정은 주관적인 자기비하를 불러올 수 있지만, 긴장은 객관적인 눈으로 대책을 강구하도록 만든다. 장사하는 사람은 긴장하지 않으면 방만하기 쉽고, 방만하면 가게는 엉망진창이 되어 망하기 쉽다. 어느 정도의 긴장, 어느 정도의 스트레스가 필요한 이유가 바로 여기에 있다. 심지어 동물의 세계에서 힘이 약한 초식동물들이 강력한 포식자에게서 살아남을 수 있는 것도 바로 이 긴장감 때문이라고 하지 않는가.

고객을 대할 때에도 긴장은 절대적으로 필요하다. 당신이 고객에게 최선을 다할 수 있는 것도 바로 긴장감 때문이다. 여기서 생기는 긴장감은 고객의 선택을 받아야 비로소 생존할 수 있다는 조건에서 비롯된다. 당신은 여기서 '가족처럼 허물없이 대하자'라는 말을 떠올릴 수도 있을 것이다. 정말 그렇게 하면 어떻게 될까? 당신은 아마 몇 달을 채 못 버티고 가게 문을 닫아야 할 것이다. '가족처럼 허물없이 대하자'라는 말은 고객에게 가족과 같은 편안함을 제공하라는 의미일 뿐 고객을 정말 가족처럼 대하라는 뜻이 아니다.

우리는 가족이라고 하면 '말하지 않아도 서로 이해하고 공감하는', '이심전심', '무조건적인 사랑' 등과 같은 말을 떠올린다. 가족은 1차 사회로 조건의 지배를 거의 받지 않는다. 물건이나 재화를 팔고 돈을 받는 2차 사회의 고객과는 달리 무조건적이다. 그러나 고객은 '가격이 싸야', '품질이 좋아야', '직원이 친절해야' 돈을 주고 물건을 사서 소비한다. 즉 조건에 따라 그때그때 선택이 달라지며 조건에 의해 의사결정이 이루어지고 마음이 좌지우지되는 것이다. 따라서 장사하는 사람이라면 고객을 만날 때 조건에 따라 고객의 마음이 달라질 수 있다는 것을 항상 염두에 두고 긴장을 한 채 만나는 게 기본이고, 상식이다.

목표는 크게, 꿈은 원대하게

우리가 아는 최고의 세일즈맨들에게는 공통점이 있다고 한다. 항상 긴장하고 매출 목표를 세우고, 그것을 항상 실천하는 습관을 가지고 있다고 한다. 부자들에게 돈에 대한 욕심이 있다면, 최고의 세일즈맨들에게는 매출에 대한 목표가 있다고 한다.

장사도 별반 다르지 않다. 최고의 장사꾼들은 기본적으로 목표의식을 가지고 있고, 항상 이를 의식한다. 그리고 그 목표를 성취할 수 있는 방법을 찾아 꾸준히 실천한다. 나도 마찬가지다. 년, 분기, 월, 주, 일 단위로 목표를 세밀하게 계획하고, 이를 달성하기 위해 실천한다. 지금은 식당을 총괄하는 매너저가 따로 있어서 매일 보고를 받지만, 그 목표를 혼자만 가지는 것이 아니라 직원들과 함께 공유하고 있다. 모든 사람들이 삶에 목표가 있듯이 우리 가게도 운영 목표를 가지고 있고, 이를 직원 모두가 공유하고 있다. 그렇기 때문에 직원들 모두가 목표를 달성하는 방법에 대해 적극적으로 제안도 하는 것이다.

내가 운영하는 〈바다황제〉는 2008년에 개업했다. 그 해에 연매출 6억 원을 달성했다. 그 후 매달 목표를 1억 원으로 상향조정하고, 연매출 목표를 12억 원으로 정해 도전했다. 그리고 8년 만인 2015년에는 연매출 성장률 500%가량을 기록했다. 물론 지금은 그보다 더 높은 매출 기록을 달성하고 있다. 그렇게 매출 기록을 달성할 때마다 나는 더 높은 목표를 수립했고, 그 목표를 달성하기 위해 더욱 더 노력했다.

그러한 목표가 있었기에 횟집의 비수기인 여름철에는 '물회를 냉면보다 많이 팔아보자', '전복해신탕을 삼계탕보다 많이 팔아보자'는 계획을 세웠고, 영업시간 연장을 선택할 수 있었다. 또한 가족들의 외식, 직장 회식, 각종 커뮤니티나 모임을 유치하기 위해 뛰어다닐 수 있었다. 아울러 부담 없는 가격의 메뉴 개발도 할 수 있었다.

매출과 함께 고객만족의 목표를 세워라

최근 많은 사람들이 장사의 세계로 뛰어들고 있다. 그 유형은 각양각색이다. 명예퇴직을 한 후 퇴직금으로 노후자금 마련을 위해서 장사에 투자하는 사람도 있고, 전세를 월세로 돌리고 그 돈으로 미래를 위해 장사에 투자하는 사람도 있다. 분명한 것은 그들이 투자하는 돈이 한 가정, 한 사람의 인생과 꿈을 담보로 한 종자돈이라는 것이다. 그들이 실패하는 순간 한 가정, 한 사람의 인생과 꿈도 한꺼번에 날아간다. 그들에게 그 돈은 그만큼 절실하고, 절박한 돈인 것이다. 따라서 반드시 성공해야 한다. 그러기 위해서는 목표를 명확히 세우고, 그것을 달성하려는 전략을 제대로 만들어 실천해야 한다.

목표는 성과 달성이라는 산의 정상으로 이끄는 계단과 같다. 성과 달성이라는 산의 정상에 도달하려면 자기 스스로 세운 계단 하나하나를 밟고 올라가야 한다. 한꺼번에 오르려 했다가는 미끄러지거나 다리가 걸려 크게 다치기 쉽다. 인생이든 사업이든 절대 한 방으로 성공을 이룰 수 없다. 품질과 서비스, 꾸준함과 성실함을 담금질해야 성공이라는 단단한 강철로 태어날 수 있다.

운영이 잘 안 되는 가게를 방문해보면 그곳 사장님이 하루만 사는 것을 볼 수 있다. 매출이나 고객에 대한 목표도 없이 그저 많이 팔았으면 하고 바라고, 그날 팔리는 대로만 판다. 장사를 하는 당신은 세일즈맨, 그것도 반드시 팔아야만 살 수 있는 세일즈맨이다. 그런 사람이 목표를 가지지 않으니, 활동량이 적고 방법을 강구하지 않고 대책을 고민하지 않는 것이다.

또한 매출 목표를 너무 낮게 잡는 사람도 많다. 자기 자신에게 스트레스를 주기 싫어서 매출 목표를 너무 낮게 잡는 것이다. 하지만 그것은 목표가 아니다. 쉽게 이룰 수 있어서 성취해도 그리 기쁘지 않고, 스스로에게 동기부여도 되지 않기 때문이다. 의학이나 생물

학 연구에 따르면 약간의 스트레스가 있어야 오히려 발전된 삶을 사는 데 도움이 된다고 한다. 마찬가지로 매출 목표도 스스로에게 어느 정도 책임감을 안겨줄 만큼, 달성했을 때 기쁨을 얻을 수 있을 만큼 높게 잡아야 한다.

그런데 이러한 매출 목표보다 훨씬 더 중요한 목표가 있다. 고객 한 사람, 한 사람을 만족시키겠다는 목표가 그것이다. 나는 고객이 계산하고 나갈 때의 모습을 유심히 살핀다. 얼마어치를 먹었느냐보다 그것을 훨씬 더 중요하게 생각한다. 고객이 "정말 잘 먹었습니다"라며 환하게 웃으며 인사하고 나갈 때만큼 기쁘고 행복할 때가 없다. 그 말은 곧 "다시 찾아오겠습니다"라는 말로 들리기 때문이다. 이처럼 나는 고객의 만족에 대한 목표도 세워놓고 관심을 기울이고 있다. 그 목표는 100%다. 100%의 고객이 만족한다면 매출 걱정을 할 필요가 전혀 없다. 알아서 스스로 찾아오고, 주변 사람들에게 입소문을 내줄 것이기 때문이다.

항상
칼을 갈고 날을 세워라

매너리즘을 피하기 위해 항상 연구하고, 노력하라

    나는 일주일에 한 번씩 가게문을 닫고 전국 맛집을 찾아다닌다. 같이 모임을 하는 사람들이 소개하거나 방송 프로그램에서 보았거나 인터넷 또는 SNS에서 찾아낸 전국 방방곡곡의 맛집들을 찾아가는 것이다. 일주일 중에서 나는 그날이 가장 기다려진다. 그날이 되면 나는 마치 어린아이처럼 눈이 초롱초롱해지며, 온몸에서는 엔돌핀이 샘솟고, 가슴은 마치 유명 연예인들을 만나는 것처럼 들떠서 쿵쾅쿵쾅 요동을 친다.

어떤 사람들은 그런 나를 보며 참 한가하다고 여길지도 모른다. 아니면 장사 잘 되는 가게를 운영하는 사장의 배부른 여유나 사치쯤 으로 치부할 수도 있을 것이다. 하지만 내 마음은 전혀 그렇지 않다. 생각은 자유겠지만, 내가 지닌 진실은 분명하기 때문이다. 내가 귀한 하루 동안 문을 닫고 장사를 포기한 채 맛집을 찾아가는 데에는 나름의 이유가 있다.

그런 날이 일주일에 하루, 1년에 대략 50일쯤이라고 가정해보라. 매출 손실만 따져 봐도 결코 적은 금액이 아니다. 순수하게 산술적으로만 계산해 봐도 365일 중에 50일이면 대략 매출의 15% 가까이나 된다. 이를 포기하고 맛집을 찾아가는 것이다. 아마 속이 좁은 마누라라면 이런 행동에 억장이 무너지고, 내쉰 한숨이 천장을 뚫고 올라갔을 것이다. 어디 그뿐인가. 하도 속을 긁어대서 우리 집 바가지는 성한 것이 없을 것이다.

어떤 사람들은 그 아까운 시간에 장사를 계속한다면 훨씬 많은 매출을 올릴 것이라고 말한다. 물론 맞는 말이다. 그러나 한편으로는 틀린 말이기도 하다. 장사하는 사람이 가장 경계해야 할 것 중의 하나가 있다. 바로 매너리즘이다. 우리 몸과 마음은 똑같은 일을 반복하면 관성적으로 하게 마련이다. 가슴도 뛰지 않고, 머리도 생각하지 않게 되는 것이다. 수많은 자기계발서들이 생활습관을 바꾸라고

1장. 장사하려면 초석부터 세워라

강조하는 이유가 바로 여기에 있다. 생활습관은 몸에 배면 거머리보다도 질겨서 절대 떨어지지 않는다. 금연이나 금주를 하기가 얼마나 힘든가를 생각해보면 알 수 있을 것이다.

당신은 자동차를 운전하는가? 운전을 한다면 브레이크가 얼마나 중요한지 잘 알 것이다. 재미있는 것은 차를 몰고 갈 때 멈추게 하는 브레이크가 있어서 더 빨리 갈 수 있다는 것이다. 만약 브레이크가 없다면 어떨까 한 번 생각해보라. 과연 자동차의 엑셀레이터를 꽉 밟을 수 있겠는가. 속도를 줄일 수 없다는 두려움에 엑셀레이터를 밟지 못하고, 최저 속도로 운전할 수밖에 없을 것이다.

장사도 마찬가지다. 당신의 하루일과를 떠올려보라. 당신은 일반적으로 잠에서 깨면 씻고 나서 시장이나 마트에 들러 장을 보고, 가게로 가 문을 열고, 개점 준비를 할 것이다. 그러고 나면 본격적으로 가게에 들어오는 손님을 맞으며 크고 작은 전쟁을 치를 것이다. 그리고 손님이 모두 집으로 돌아가고 나면 청소나 정리를 하고 정산을 한 후에 가게 문을 닫고 집으로 돌아가 침대 위에 그대로 쓰러질 것이다.

이런 삶이 하루, 이틀, 한 달, 일 년가량 지속된다고 생각해보라. 아무런 변화 없이 반복된 생활을 하며 시간을 계속 흘러보낸다면 당신은 뭔가 문제가 있어도 알아채거나 느끼지 못할 것이다. 가마솥에 놓인 개구리처럼 아궁이는 활활 불타고 있는데, 천천히 오르는 수온으로 자신이 죽어가는 것을 줄 모르는 것과 같다고 하겠다. 이 것이 바로 익숙함에 길들여져 매너리즘에 빠지는 전형적인 과정이 다. 자극이 없는 삶, 가슴이 뛰지 않는 삶이 만들어내는 궁극적인 종 착역이 바로 매너리즘인 것이다.

어디서든, 누구에게든 배워야 한다

당신은 "우리 가게는 잘 되고 있기 때문에 큰 문제가 없습니다"라 고 말할 수도 있다. 이 말은 곧 우리는 정상에 있고 매너리즘을 고민 할 틈도 없으며, 우리에게는 전혀 문제가 없다고 말하고 있는 것이 나 다름없다. 그렇다면 당신은 과연 자신만의 고유한 강점 때문에 정상에 있는 것일까? 당신은 길이 하나 생겨난 탓에 상권이 바뀌어 망한 음식점에 대해 들어보았을 것이다. 장사는 이처럼 하나의 절 대적인 요소가 지배하는 것이 아니라, 무수히 많은 요소, 즉 상권, 품 질, 가격, 서비스, 관계성 등의 영향을 받는다. 따라서 당신은 그러한 것들을 면밀히 관찰하고 검토해서 가게 운영에 반영해야 한다.

내가 일주일에 하루 문을 닫고 맛집을 찾는 이유도 바로 여기에 있다. 즉 공부를 하기 위해 떠나는 것이다. 세상에는 배울 것들이 너무나도 많다. 배울 것 천지라고 해도 과언이 아니다. 학교 공부는 공부 축에도 낄 수 없다. 진정한 공부는 사회에서 해야 한다.

사회에는 각 분야의 숨은 고수들이 정말 많다. 나에게 자극을 주는 것은 전국에 숨어 있는 맛의 고수들이다. 그들을 만나면 나의 가슴은 가열차게 뛰고 머리는 빠르게 회전하기 시작한다. 그리고 눈은 초롱초롱해지고, 코는 벌름거려진다. 그들의 행동을 유심히 치밀하게 관찰한 후, 그들과 깊은 이야기를 나누다보면 저절로 입 속에서는 '아하!' 하는 탄성이 튀어나오고 손은 무릎을 치게 된다.

한번은 서울 성북구 수유동의 'ㅇㅇㅇ'을 방문한 적이 있다. 숯불 돼지갈비로 유명한 그곳은 가격까지 착해서 많은 사람들이 찾는 맛집이었다. 아는 분이 추천을 해줘서 쉬는 날 아침 일찍 출발해 점심 때 들르게 되었다. 재미있는 것은 점심 때 만난 사람들 대부분이 나처럼 누군가의 추천을 받고 왔다는 것이다. 그때 나는 수첩에 배운 점 3가지를 다음과 같이 적어 두었다.

1. 손님들이 맛있게 먹을 수 있는 비밀 레시피를 크게 적어 매장 어디서나 볼 수 있도록 붙여 놓았다.
2. ㅇㅇㅇ만의 특징을 잘 보이는 색깔로 5가지 이상 적어 놓았다.

3. 단순히 '읍소'가 아닌 '맛있게' 먹는 사진을 SNS에 올려달라고 요청하고, 서비스로 주류나 음료, 현금 대신 양념게장을 주는 게 특징이다.

나는 쉬는 날이면 이렇게 들른 곳에서 특징과 배울 점 등을 파악하고 정리하여 수첩에 메모한다. 이렇게 적은 수첩이 지금은 몇 권이나 된다. 머릿속에 뭔가 아이디어가 떠오르지 않을 때면 나는 수첩들을 뒤적인다. 그러면 어느 순간 힌트를 얻는다. 맛집들을 방문해 보고 적어두었던 것에서 벤치마킹 요소를 찾아낸다.

공자님 말씀에, 세 사람이 길을 가도 그 중에 스승이 있다고 했다. 우리 주변에는 배울 수 있는 것이 천지에 널려 있다. 과거에는 무언가를 공부하려면 좋은 스승을 모셔오거나 그의 집에 들어가 도제식으로 배웠다. 지금은 얼마 정도의 시간과 금전적 여유 그리고 배우려는 의지만 있다면, 언제 어디서든 내 안에 스승을 모실 수가 있다. 내가 일주일에 한 번 가게 문을 닫는 이유도 이 때문이다. 전국에 있는 맛집의 스승들과 교류하고, 그들의 노하우나 지식을 배워 내 안에 담기 위해서다. 이러한 배움이야말로 내가 가진 참된 자산이라고 할 수 있다. 많은 사람들이 찾아와 자문을 구하거나 컨설팅을 요청하는 것도 바로 이 때문이라고 할 수 있다.

정말 일을 잘하는 농부는 중간중간 쉬면서 낫을 간다고 한다. 날이 무뎌지면 잘 베어지지 않고, 쉬면서 날을 가는 것이 생산성 향상에 더 낫기 때문이다. 열심히 일만 한다고 해서 좋은 성과가 나오지 않는 것도 같은 이치다. 나는 쉬면서 배우는 것으로 일주일에 하루 가게 문을 닫는다. 쉬면서 배우는 것이야말로 날을 갈아 더욱 큰 도약을 할 수 있는 밑거름이 되기 때문이다.

당신도 시간을 내서 대박집이나 유명한 맛집을 찾아가 보라. 그리고 맛을 평가하기보다는 가게의 분위기, 직원들의 행동, 음식의 비주얼 등을 눈여겨보라. 주인의 허락을 받아 주방을 들어가 볼 수 있다면 더욱 좋다. 거기서 벤치마킹할 수 있는 아이디어 한 가지라도 배워오라. 배웠으면 내 것으로 만들고, 내 가게에 적용해보라. 실천하지 않을 바에는 차라리 배우지 마라. 시간 낭비, 돈 낭비이기 때문이다.

초심으로 맞이하고,
진심으로 마무리하라

초심을 항상 마음속에 아로새기자

작심삼일이라는 말이 있다. 아무리 모질게 마음먹어도 결심한 것을 3일 넘기기가 힘들다는 뜻이다. 이 말처럼 사람의 뇌는 금세 잊어버리고, 의지는 금방 무너지게 마련이다. 장사를 막 시작했을 때를 한 번 떠올려보라. 머릿속으로 또는 종이나 수첩, 컴퓨터에 수많은 계획을 세우고, 어떻게 운영하겠노라고 굳게 다짐했을 것이다. 지금 얼마나 달성했는가. 아마 대답도 하지 못하고 고개를 들지 못하는 사람이 대다수일 것이다.

돌이켜보니 장사를 한 지 어언 35년 가까이 되었다. 문방구집 아들로 태어나 청주에서 고등학교를 졸업한 후 곧바로 장사의 세계에 발을 들여놨으니 인생 절반 넘게 장사를 하며 살았다. 장사를 시작했던 초기에는 나 또한 무수히 많은 작심삼일을 경험했다. 다짐하고 나면 삼일 뒤 잊어버리고, 다시 무엇인가를 해보자고 머릿속으로 되뇌었지만 정작 실행으로 옮긴 것은 그리 많지 않았다. 마음먹은 것을 제대로 해내지는 못했지만 운이 따랐는지, 근근이 운영을 하다가 좀 더 큰 도시로 진출하고 싶은 마음에 청주를 떠났다.

그 후 대전으로 와서 은행동에서 몇 년 동안 소주방 등을 운영하다가 도심의 번화가라던 대흥동으로 터를 옮겨 자리를 잡은 지 어언 10여 년이 되었다. 그 당시까지만 해도 대흥동은 관공서도 있고, 대전역이나 시장과도 꽤나 가까워서 나름 상권이 좋은 곳이었다. 그러나 둔산 지역에 신도시가 개발되면서 잘나가던 상권이 무너지기 시작했다. 나뿐 아니라 지하상가를 비롯해 대흥동 전체에 불황의 그림자가 드리워지는 듯했다.

위기는 기회를 동반한다고 했던가. 내가 본격적으로 작심삼일과 맞붙어 싸우기 시작한 게 그때부터가 아닌가 싶다. 나는 마음을 다잡고 '어떻게 하면 이 위기를 벗어나 좀 더 많은 매출을 올릴 수 있을까?'를 고민했다. 혼자 잘나가는 것만으로는 안 된다는 생각이 비로소 들었다. 즉 대흥동과 지하상가 전체가 살아야 그 안에 있는 나

장사의 달인은 장사하지 않는다

도 살 수 있다는 판단이 선 것이다. 지금이야 '경제 생태계'라는 말을 자주 쓰지만, 당시에 나는 그 의미조차 알지 못한 채 그 근본 원인을 찾고 해법을 구했던 것이다. 결국 그때의 위기가 나를 바로세우고, 그때의 경각심이 오롯이 계획을 만들어 실행에 옮기도록 만든 것이다.

미래를 바꾸고 싶다면 현재를 바꿔야 한다

영국 셰필드대학의 심리학자인 푸스이카 시로이스 교수는 "미래의 나는 지금보다 더 많은 에너지를 가질 것이고 다음 주의 나는 더 많은 시간이 있을 것이라고 생각하는 것은 착각이다"라고 말했다. 그러면서 "미래의 자신 모습을 낯선 독립체로 인식할수록 장기 계획 실행에 실패할 확률이 높다"고 덧붙였다. 그는 현재의 나와 미래의 내가 결코 다른 사람이 아니라고, 즉 지금 바쁘다는 핑계로 결심한 것을 미룬다면 미래에도 그럴 것이라고 말한 것이다.

많은 사람들이 자신의 현재와 미래는 다를 것이라고 생각한다. 현재는 비록 힘들고 어렵지만, 미래에는 벤츠를 끌고 타워팰리스에서 떵떵거리며 살 것이라고 생각한다. 물론 그럴 수도 있다. 인생은 그런 희망이라도 있어야 살아갈 수 있다. 그것조차 없다면 어떻게 버거운 현재를 버티고 살아가겠는가?

그런데 희망이 없는 것도 문제지만 아무런 대책 없이 낙관적인 것도 분명 문제다. 현실에서 이루어질 가능성이 전혀 없다면 그것은 자기기만일 뿐이다. 로또에 당첨되려면 최소한 복권을 사야 한다. 마찬가지로 장사에서 성공하려면 지금까지 했던 것과는 달라야 한다. 더욱 굳은 결심을 하고 과감한 행동과 실천도 해야 한다. 비록 많은 시간이 흘러도 마음속에 초심을 아로새겨야 하는 이유도 여기에 있다.

성공의 비결은 초심, 중심, 진심

TV에서 맛집으로 등장한 많은 가게들이 의외로 문을 많이 닫는다고 한다. 고개가 갸우뚱거려질 것이다. TV에 등장한 가게의 주인들은 모두 대박이 터지고 떼돈을 벌어 건물을 사고 배를 두드리고 있을 거라고 생각하는데, 그렇지 않은 것이다. 그 이유는 무엇일까? 무엇보다도 초심을 잃어서다. 손님이 많아지다 보니 좀 더 많이 벌기 위해 싼 재료를 쓰고, 좀 더 가게를 넓히고, 손님을 야박하게 대하고, 직원을 줄이고 마케팅 비용을 줄이다 보니, 어느 순간 그것이 화살이 되어 돌아와 무너지는 것이다.

나는 성공에서 가장 중요한 것은 3심이라고 생각한다. 여기서 3심이란 초심, 중심, 진심을 가리킨다. 초심을 지키고, 중심을 잡고, 진심을 다하는 것이야말로 모든 성공에 공통적으로 적용되는 3박자라고 할 수 있다. 이것을 잊고 가볍게 여기는 순간, 장사는 망하는 길로 들어섰다고 봐야 한다.

사람들은 초심을 세울 때가 스스로의 동기부여 때문에 가장 열정이 높다고 한다. 처음의 마음이 가장 순수하고, 강한 에너지를 가지고 있다는 것은 당신도 알 것이다. 그러나 점차 시간이 지나면 작심삼일로 잊거나 퇴색하기 마련이다. 그것 때문에 사람의 의지가 중요한 것이다. 의지는 유통기한이 3일밖에 되지 않는 우리의 마음을 무한정으로 늘려주는 방부제와 같다.

우리가 살아가는 사회에는 굳은 결심과 행동을 방해하는 무수히 많은 장애물들이 있다. 우리는 태초에 이성보다는 본능에 충실하도록 만들어졌다. 우리 안에는 생각하고 실천하기보다는 먹고 마시고 쉬고 즐기라고 조장하는 프로그램이 내장되어 있다. 그것을 극복할 수 있는 힘은 중심을 잡는 의지에서 나온다. 그 의지는 초기에 장사를 시작했던 초심을 진심으로 연결시켜 지속적으로 실천하도록 만든다. 대박의 비결이란 것은 사실 그 이상도, 그 이하도 아니다. 초심, 중심, 진심을 지킬 수 있는 얼마나 단단한 의지를 가졌는가와 얼마나 제대로 실천했는가가 그 핵심이다.

절대
혼자만 성공하려 들지 마라

주위에 도움을 주는 마중물이 되자

나는 충청도의 한 시골 마을에서 태어나고 자란 전형적인 촌놈이다. 그런 내게 오랜 시간이 지났지만 지금도 눈에 선한 기억들이 있다. 추어탕을 끓이던 어머니의 모습도 그중 하나다. 어릴 적 여름에 장마가 지나가고 나면 아버지는 내 손을 잡아 끌고 논두렁으로 나가 미꾸라지를 잡곤 하셨다. 그렇게 아버지와 함께 양동이 한가득 미꾸라지를 잡아오면 어머니는 온갖 재료들을 듬뿍 넣고 맛있게 추어탕을 끓여주셨다.

그때는 사람들 모두가 없이 살아 배고픈 시절이었다. 오죽했으면

'식사하셨어요?'가 지나가며 나누는 인사말이었을까. 먹을 것이 널려 있는 지금이야 상상이 되지 않겠지만, 당시에는 학교에 올 때 도시락을 싸오지 못한 친구들이 부지기수였다. 점심시간이면 조용히 운동장으로 나가 주린 배를 움켜쥐고 물을 마시던 친구들도 정말 많았다.

어머니는 아버지와 내가 논에서 잡아온 미꾸라지로 추어탕을 끓이실 때면 우리 식구들이 먹고도 남을 만큼 수제비와 국수를 넉넉히 넣곤 하셨다. 그리고 그렇게 끓인 추어탕을 한 그릇씩 동네 사람들에게 나누어주곤 하셨다. 지금 와서 어머님의 음식이 왜 그렇게 맛있었는지 돌이켜보면 그 안에 정성과 함께 따뜻한 마음이 담겨 있었기 때문이 아닌가 싶다.

당신은 혹시 마중물을 아는가? 옛날 시골에서는 물이 아주 귀했다. 대개 마을에서는 공동으로 사용할 수 있는 우물을 파 물을 집으로 길어와 먹었고, 그 주변에서는 여자들이 옹기종기 모여 빨래를 하곤 했다. 그런데 언제부턴가 집 안에 펌프를 설치해 지하수를 퍼올려 사용하기 시작했다. 그때 펌프를 시동 걸 때 붓던 물을 마중물이라고 한다. 마중물은 많은 물을 얻기 위해 버리는 물, 희생하는 물이라고 할 수 있다. 최근에는 한 개인의 노력과 희생이 사회를 바꾸거나 좋게 만드는 데 일조했을 때 그 사람을 가리켜 이 말을 사용한다.

지금 와 생각해보니 내 어머니는 마중물과 같은 존재가 아니었나 싶다. 그 분의 뜻을 계속 잇고 싶은 마음이 굴뚝 같다. 고객을 대할 때도 그러한 마음가짐으로 다가간다. 그분들이 맛있게 배불리 먹고 나서 기분 좋게 웃으며 인사할 때가 나는 가장 행복하다. 그 모습을 보고 싶어서 세심하게 신경을 쓰고 음식 하나라도 더 드리려고 노력한다. 사실 마중물이란 게 별거 있겠는가. 내가 있는 곳에서 마음을 따뜻하게 쓴다면 그것이 곧 마중물 아니겠는가.

좋은 것은 퍼주고 나눠주자

우리 식당은 장사하는 사람들이 많이 방문하는 것으로 유명하다. 그런 사람이 너무 많을 때는 영업에 방해가 되기도 한다. 가게에 들어서면 그분들은 어느 것 하나라도 놓치지 않겠다는 듯 주방이며 화장실, 비품함까지 꼼꼼하게 들여다본다. 그렇게 관찰하고 나면 끊임없이 질문을 던진다. 그러면 나는 그들에게 세세한 것까지 알려주고, 보여주고, 내놓는다.

일반적으로 식당을 하는 사람들은 다른 사람에게 주방을 보여주거나 레시피의 노하우를 내놓는 것을 꺼린다. 다른 사람들이 베끼거나 훔쳐갈까 두려워한다. 그것이 자신만의 핵심적인 성공 비법, 차별화 방법이라고 생각하기 때문이다. 하지만 나는 그렇게 생각하지 않는다. 오히려 좋은 것은 퍼주고 나눠 주어야 한다고 생각한다. 과거에 어머니께서 추어탕을 가족들이 먹고 남을 만큼 끓여서 동네 사람들에게 나눠 주었던 것처럼 말이다. 그래야 다른 사람의 발전이 있고, 그 발전이 다시 내게 깨달음을 줘 앞으로 나아갈 수 있기 때문이다.

옆집에 잔치가 열리면 떡 하나라도 얻어 먹는 법이다. 옆 가게는 경쟁자가 아니라 함께 시천을 일구는 동반자다.

장사의 달인은 장사하지 않는다

나는 '스무고개'라는 모임을 만들어 많은 사람들과 교류하고 있다. '스무고개'는 '스마트폰으로 무엇이든 고민을 개운하게 풀어드립니다'의 준말이다. 회원들은 각기 지역의 소상공인, 봉사단체 단장님, 교수님 등이다. 특별한 일이 없으면 회합은 한달에 두 번, 각 회원의 가게를 순회하며 이루어진다. 스마트폰을 공부하면서 이를 통해 서로가 지닌 고민을 털어놓고, 이를 돕고 해결하고자 애쓰면서 좋은 관계를 이어가고 있다. 현재는 100여 명이 가입해 가족처럼 운영하고 있으며, 1분기에 1회씩 봉사활동도 진행하고 있다.

그 외에도 나는 창업을 준비하는 사람들을 위한 강의와 컨설팅에서 만난 사람들과도 지속적으로 교류를 하고 있다. 이들 중에는 자신의 가게에 대한 자문이나 컨설팅을 직접적으로 요청해오는 사람도 있다. 그러면 나는 그들이 마치 내 가족이나 되는 것처럼 그곳이 어디든 가리지 않고 사비와 시간을 들여 찾아가 충고와 조언을 아끼지 않는다. 때로는 시어머니처럼 호되게 잔소리를 늘어놓기도 하고, 때로는 친형처럼 어깨를 다독이며 위로하기도 하며, 때로는 레시피나 가게 전반의 개선 방향을 함께 고민하며 해법을 찾아가기도 한다.

그러나 그 대가는 무료다. 아무리 컨설팅비를 주겠다고 해도 나는 한 푼도 받지 않는다. 그것을 통해 오히려 내가 얻는 것이 많기 때문이다. 어떤 사람들은 내가 모임에 열심히 참가하고 무료로 컨설팅하는 것을 보면서 '요즘 같은 세상에 그렇게 한다고 해서 무엇을 얻는단 말인가? 자신의 시간과 돈만 날리는 것은 아닌가?'라고 말할지도 모른다. 또는 나를 바보라고 여길지도 모른다. 하지만 우리가 사는 세상이 어디 그런 셈법만으로 작동하는가?

함께 가야 멀리 갈 수 있다

나는 바보에 대한 나름의 정의를 가지고 있다. 나는 다음과 같은 생각을 하는 사람들을 바보라고 생각한다.

· 내 생각만 맞다.
· 나 말고 전문가는 없다.
· 나만 고객과 직원을 위한다.
· 나는 고생해서 돈 벌고, 남들은 날로 먹는다.
· 나 말고 성공하는 놈들은 다 밉다.
· 어떻게든 깎아내리고 싶다.
· 왜 나보다 실력도 없는 것들이 더 유명해지지?

이런 생각을 하는 사람은 오로지 자기밖에 없는 사람이다. 자신만 최선을 다한다고 생각하고, 자신만 아는 이기주의자다. 아프리카 속담에 '빨리 가려면 혼자 가고 멀리 가려면 함께 가라'는 말이 있다. 고속도로에서 과속을 경고하는 표어를 빗대어 말한다면 혼자서 5분 빨리 가려다가 50년 빨리 갈 수 있다.

멀리 가려면, 그리고 성공하려면 항상 내 옆에 든든한 우군이 함께 있어야 한다. 장사 하는 사람에게 우군이란 직원, 옆에서 같이 장사 하는 사람, 그리고 고객 등이다. 그들을 우군으로 만들기 위해서는 베스트셀러인《설득의 심리학》(2013)을 쓴 로버트 치알디니의 말처럼 기본적으로 그들에게 무언가를 자꾸 주고 베풀어 '상대를 빚지게' 만들어야 한다.

무언가를 자꾸 주고 베푼다고 해서 손해라고 생각하는가? 절대 그렇지 않다. 가르치는 사람이 가장 많이 배운다는 말이 있다. 나는 무료로 컨설팅하고, 아이디어를 제공함으로써 내 가게를 어떻게 해야 할지 머릿속으로 구상하며 배운다. 돈을 전혀 들이지 않고 머릿속에서 실험하고 시도를 해볼 뿐만 아니라 실제로 실행도 해볼 수 있다. 그렇게 함으로써 나는 상대를 내 편으로 만드는 덤까지 얻고 있다. 퍼주고 나눠 주면서 이렇게 많은 것을 얻고 있는 것이다. 어떤가. 당신도 실천해보고 싶지 않은가?

바다형제 海

매장을 인벙처럼, 직원을 가족처럼

海

매장을 안방처럼, 직원을 가족처럼

아내가 셋인 나는
행복한 사람

가게의 얼굴은 직원

지금 운영하는 가게가 2008년에 개업을 했으니 어언 10주년을 맞았다. 그동안 인적, 시스템적으로 몇 차례의 변화가 있었다. 나는 기본적으로 가게가 살아 움직여야 한다고 생각하는 사람이다. 살아 움직인다는 것은 계속 변화한다는 것을 뜻한다. 시대가 변하고 환경이 변하고 고객이 변하는데, 변하지 않고 그대로 있다는 것은 망하는 것을 자초하는 일이다.

하지만 변치 않는 것도 있다. 가게를 차릴 때의 초심과 진심, 고객을 만족시키겠다는 생각은 세월이 흘렀어도 전혀 바뀌지 않았다.

여기서 당신이 반드시 알아야 할 진실이 있다. 식당을 하는 내가 고객을 먹여 살리는 것이 아니라 고객이 나를 먹여 살리고 있다는 것이다. 그렇게 보았을 때 고객은 나에게 정말 은인이고, 진심으로 감사해야 할 존재이다. 그렇게 감사한 고객이 맛있게 음식을 드신 후 행복한 모습으로 가게 문을 나서는 모습을 보겠다는 생각은 예나 지금이나 변함이 없다.

여기서 질문을 하나 던진다. 당신은 가게의 얼굴이 무엇이라고 생각하는가?

창업자들을 대상으로 교육할 때 이 질문을 던지면 많은 사람들이 간판이라고 답한다. 어떤 사람은 사장, 어떤 사람은 문이라고 답하기도 한다. 모두가 '땡'이다. 답은 직원이다. 고객이 가게 문을 열고 들어왔을 때 처음으로 맞이하고, 응대하는 직원들이야말로 가게의 얼굴이라고 할 수 있다. 마찬가지로 가게의 주인도 사장인 내가 아니라 직원들이다. 그들이 잘못 응대하면 나는 사장직을 그만두거나 물러날 수밖에 없다. 망한 가게에 사장이 웬 말인가. 그렇게 본다면 직원들의 서비스가, 고객들이 나를 먹여 살린다고 해도 과언이 아니다.

한 번은 너무나도 친절한 우리 직원들 때문에 주변에 큰 오해를 산 적이 있다. 사람들은 우리 가게가 밖에서 볼 때와는 달리 안으로 들어서면 생각보다 꽤 넓다고 놀란다. 1층과 2층을 합치면 대략 면적이 250여 평에 테이블이 71개, 총 300명 동시 수용이 가능하니 결코 작은 규모라고 할 수 없다. 그렇다 보니 상근 직원만 해도 30명이 넘고, 주말이면 일하는 사람이 40명에 이른다.

그들에게는 크든 작든 각자의 업무가 주어져 있다. 주방 관리, 수족관 관리를 하는 직원부터 주차 관리, 홀 서빙을 맡은 직원까지, 그들에게는 맡은 바 책무가 별도로 주어져 있다. 심지어 1층과 2층에는 손님이 오자마자 고개 숙여 큰 소리로 반갑게 인사하고 자리로 안내하는 직원도 따로 있다. 또한 일반적인 장사집에서는 카운터를 사장님이나 사모님이 맡지만 우리 가게에서는 카운터만 보는 직원도 따로 있다.

이렇게 직원들의 업무 분장 때문에 어느 날 나는 아주 난처한 오해의 주인공이 된 적이 있다. 과분하게도 '아내가 셋인 남자'로 알려지게 된 것이다. 다른 사람들이 쉬쉬해서 나만 몰랐을 뿐 주변 사람들에게 나는 '아내가 셋인 남자'로 안주거리가 되어 있었다.

나는 사실 대한민국 어디서나 흔히 볼 수 있는 동네 아저씨 같은 구수한 외모에다 나이에 걸맞는 풍부한 인격(?)까지 갖추고 있다. 그래서일까. 의외로 많은 사람들이 내 말이라면 대체로 신뢰한다. 게다가 누구에게든 허물없이 다가가는 성격 탓에 '뒤로 호박씨 까는' 사람으로는 비치지 않는다.

그런 내가 이 에피소드를 계기로 대흥동 바닥에서 아주 유명인사가 되어 버렸다. 그리고 그 후 나를 모르는 사람은 동네에서 간첩으로 몰리게 되었다. 그 에피소드는 손님들이 크게 늘어나면서 생겨난 오해에서 비롯되었다. 또한 내가 생각해도 너무나 어처구니없는 이유에서 비롯된 것이었다.

고객을 만족시키는 것은 음식만이 아니다

앞서 말했듯이 우리 가게는 접객 직원이 1층과 2층에 각각 따로 있고, 카운터에서 계산하는 직원을 두고 있다. 손님이 문을 열고 들어오면 먼저 1층에 있는 접객 직원이 입구에서 인사하며 자리로 안내한다. 예약한 손님이거나 1층이 만실인 경우에는 2층으로 안내한다. 그러면 2층 직원은 1층 직원과 마찬가지로 계단을 올라오는 고객에게 인사를 한 후 자리로 안내한다. 그리고 식사를 마치고 나면 고객은 1층 입구에 있는 카운터로 가 계산을 하고 가게문을 나선다. 이런 기본적인 접객 과정은 전국 어느 식당에서나 흔히 볼 수 있다.

오해는 바로 어느 식당에서나 진행되는 이 접객 과정 때문에 생겨났다. 거기에는 나름의 이유가 있었다. 첫 번째는 1층과 2층을 담당한 접객 직원과 카운터 직원이 모두 여자였다는 것이다. 그 직원들이 남자였다면 고객들이 그런 생각을 했을 리 만무하다. 두 번째로는 그녀들이 마치 가게 주인처럼 행세(?)했다는 것이다. 전국에 있는 식당 어디나 접객을 하는 직원들은 대개가 여자이기 때문에 그것은 크게 문제될 게 없다. 문제는 바로 두 번째에 있었다. 그 직원들이 고객들에게 마치 자기 가게인 양 행세한 것이 문제라면 문제였다.

여기서 정말 재미있는 것이 있다. 고객들이 왜 그 직원들을 주인으로 생각했을까 하는 것이다. 주인처럼 목이 뻣뻣하거나 갑질을 해서 그런 것일까? 그렇지 않다. 너무나도 반갑게 맞이하고 살갑게 대하며 미소를 잃지 않고 세심하게 배려를 했기 때문이다. 그 이유로 나를 아는 고객들은 자신이 만났던 여자를 안주인이라고 철썩 같이 믿어버렸던 것이다. 더욱이 혼자만 알기에는 아까웠는지(?) 다른 사람에게까지 말을 옮기다보니 어느새 그것이 크게 부풀려져 나는 아내가 셋인 남자가 되었던 것이다.

자초지종을 들은 나는 기분이 어땠을까? 너털웃음과 함께, 하늘을 나는 기분이었다. 생각해보라. 직원들이 무뚝뚝하고 고객을 차갑게 웅대하며 시킨 것만 처리하는 수동적 존재라서 오해를 산 것이 아니라 밝고 친절하고 주인처럼 적극적이어서 받은 오해이니 어찌 기쁘지 않을 수 있겠는가. 그날 이후 아내가 셋인 나는 오히려 주변에 아내가 셋이라고 자랑을 하고 다닌다. 세 명의 여자와 바람 난 남자라서 너무나 행복하다고.

청결,
고객을 대하는 기본 자세

청결이 가게의 성패를 결정한다

나는 궁극적으로 살아 움직이는 식당을 지향한다. 아울러 나는 깨끗한 가게를 지향한다. 식당들 대부분은 다른 사람에게 주방을 보여주는 것을 꺼린다. 하지만 나는 기꺼이 보여주며, 대놓고 자랑한다. 그만큼 가게가 깨끗하다고 자신하기 때문이다.

장사하는 사람들에게 이름이 어느 정도 알려지다 보니 여기저기서 도와달라는 요청이 끊이질 않는다. 그럴 때는 손오공처럼 분신술이라도 쓸 수 있었으면 정말 좋겠다. 하지만 어쩌겠는가. 몸이 하나뿐인 것을. 그래도 나는 자투리 시간이라도 나면 어디든 마다하지 않고 전국 방방곡곡으로 달려간다.

　이것은 어쩌면 나의 천성인듯 싶다. 컨설팅을 해주면 돈을 준다는 집은 손사래를 치면서도 정말 절박한 사람이라는 생각이 들면 거리에 관계없이 청을 뿌리치지 못한다. 심지어는 가게 장사를 마무리하고 부산까지 가서 컨설팅을 해주고, 한숨도 자지 않고 아침에 개점한 적도 있다. 그렇게 절박한 사람들에게는 뭔가 은연중에 전해지는 느낌이 있다. 촉이 느껴지는 것이다. 그럴 때면 나는 한 사람의 생명을 구한다는 마음으로 무작정 달려간다. 어쩌면 그 사람은 절망의 나락에서 아주 절실하게 손을 내밀었을 수도 있기 때문이다.

　많은 사람들이 장사가 잘 되는 가게들은 나름대로 다 이유가 있다고 말한다. 맞는 말이다. 그런데 그것을 하나로 콕 짚어서 말하기란 여간 어려운 일이 아니다. 대개는 수많은 요소와 장점들이 실타래처럼 어우러지고 조화를 이뤄 표면적으로 장사가 잘 되는 결과로 나타나기 때문이다. 이때 품질, 즉 맛은 기본이 된다. 그리고 품질을 비롯한 여러 요소 중에서 다른 가게가 가지지 못하거나 따라올 수 없을 만큼 장점인 것은 그 가게만의 경쟁력이 된다. 가령, 맛은 평균치 정도인데 친절이나 재미로 승부하는 집들이 대표적이다. 이것은 새로운 레시피를 개발하는 데는 시간도 오래 걸리거니

와 맛에서 경쟁력을 갖기가 너무 어려워진 데서 그 원인을 찾을 수 있다.

이와 마찬가지로 나는 장사가 안 되는 데에도 나름의 이유가 있다고 생각한다. 도움을 청해온 가게를 살리기 위해 방문해서 유심히 살펴보다 보니 그것을 알아차리게 됐다. 잘 되는 이유와 달리 안 되는 이유는 콕 짚어 말할 수가 있다. 십중팔구 품질, 즉 맛에 문제가 있다. 맛이 없으니 고객이 다시 찾을 리 만무하다. 아무리 친절해도 맛없는 음식을 다시 찾을 고객은 어디에도 없다.

내가 찍어 먹어봐야 똥인지 된장인지 안다면 그들이 도움을 요청했을 리가 없다. 그렇다. 나는 도움을 요청한 가게를 찾았을 때 음식을 직접 먹어보지 않고도 맛이 없을 거라는 걸 금세 알 수 있었다. 장사가 안 된다고 도움을 요청했으니 그렇다고 단정을 내렸다고 생각한다면 큰 오산이다. 10퍼센트는 맛이 있어도 장사가 안 되는 집이 있기 때문이다. 그렇다면 어떻게 알 수 있었을까. 간단하다. 가게의 청결 상태를 보고 바로 알 수 있었다.

마쓰다 미쓰히로는 《청소력》(2007)이라는 책에서 청소가 얼마나 사람의 인생을 극적으로 변화시키는지를 말하면서 마이너스를 없애고 플러스를 끌어올리는 청소 방법에 대해 세심하게 조언했다. 그리고 한편으로는 청소를 하지 않아 흐트러지거나 지저분한 환경에서 생활하면 혈압이 증가하고, 심장이 두근거리며, 목과 어깨가 무거워지고, 이유 없이 화를 낸다는 연구를 들이댔다. 실제로 가게의 청결 상태를 보면 주인의 육체 건강은 물론 현재의 정신 상태까지 파악할 수 있다. 건강하지 않고 불안정한 정신 상태를 가진 사람이 어떻게 맛있는 음식을 만들 수 있겠는가. 청결은 그래서 중요하다.

청결은 고객을 맞는 마음가짐의 척도

많은 자기계발 서적들이 사람의 성공을 결정짓는 것은 태도와 마음가짐이라고 말한다. 나는 그 말에 정말로 공감한다. 그것이 최소한 80% 이상 차지한다고 나는 자신 있게 말할 수 있다. 그렇다면 사람의 태도와 마음가짐은 어떻게 알아차릴 수 있을까? 아주 간단하다. 그 사람의 청결 상태를 보면 알 수 있다. 맛없는 집들이 대개 청결하지 않은 이유도 바로 여기에 있다.

우리 가게는 언제나 하루를 청소로 시작한다. 청소를 함으로써 고객을 맞는 태도와 마음가짐을 새로이 가다듬는다. 청소를 하면 무엇보다 머릿속에서 잡생각이 없어지고 오롯이 나 자신, 내 가게, 내

청소는 주변만 깨끗이 하는 것이 아니다. 고객의 불신과 불만까지도 함께 쓸어버리는 효과가 있다.

고객을 보게 된다. 하루 중 그보다 더 소중한 마음가짐이 어디 있겠는가. 하루의 성패는 거기서 결정된다고 해도 결코 과언이 아니다. 나를 비롯한 직원들은 우리 가게 앞만 청소하지 않는다. 주변 곳곳의 골목까지 청소한다. 이렇게 하다 보니 자연스럽게 주변 분들과 인사를 나눌 수 있었고 스킨십도 가능해졌다. 그리고 좋은 평판까지 덤으로 얻게 되었다.

절에서 사는 스님들은 잠에서 깨면 제일 먼저 절간을 쓸고 닦는다고 한다. 스님들은 그것을 단지 하나의 행위로 여기기보다는 수행

의 일환으로 본다. 청소를 내 마음속의 티끌들을 털어내고 육체와

정신을 가다듬는 도구로 활용하는 것이다. 우리가 그 경지까지 갈

깨끗하고 반듯한 것은 보기에 좋다. 보기 좋은 떡이 먹기 좋다는 것을 알면서 왜 보기 좋
은 매장은 만들지 못하는가?

장사의 달인은 장사하지 않는다

필요는 없겠지만, 청소를 신성하게 여기고 나를 가다듬는 데 활용하는 것을 배울 필요는 있다.

우리 가게를 찾는 손님이나 장사하는 사람들이 보고 놀라는 것 중에 하나가 청결이다. 일반적으로 음식점, 그중에서도 특히 주방은 기름때로 찌들어 있을 거라고 생각하기 쉽다. 그러나 우리 가게는 전혀 그렇지 않다. 비록 건물은 오래되고 낡았지만 주방 전체는 물론 배관 하나조차도 티끌 하나 없이 깨끗하다. 또한 잘 쓰지 않는 그릇들도 언제든 출격할 수 있게끔 깨끗이 닦아서 한 곳에 따로 랩을 씌워 정리해두고 있다.

아울러 보이지 않는 비품함은 물론 화장실 관리에도 철저하다. 우리 가게는 손님들이 혹여라도 미끄러지지 않도록 화장실의 물기까지 항상 신경 쓰고 있다. 그뿐 아니라 쓰레기통이나 대걸레까지도 고객들의 눈에 띄지 않도록 철저히 관리하고 있다.

이와 함께 우리 가게는 청결을 유지하기 위해 다음과 같은 방법들을 실행하고 있다.

· 하루 3가지 이상 청소를 실시한다.
· 화장실 이용 시 주방 직원들은 앞치마, 위생모, 장갑 등을 두고 간다.

- 냉동 재료는 냉장 해동을 원칙으로 한다.
- 냉장고, 냉동고에 작업일자, 유통기한, 원산지를 표시한다.
- 식재료의 이상이 발견되면 즉시 회수, 폐기한다.
- 월 1회 정기 방역을 실시하고, 벌레 노출 시 즉시 방역을 실시한다.

개점의 시작을 청소로 시작했듯이 우리 가게는 마무리도 청소로 끝낸다. 청소가 시작과 끝인 셈이다. 대신 청소의 시작은 밖에서 이루어졌지만, 청소의 마무리는 안에서 이루어진다. 이렇게 청소는 우리 가게에서 진행되는 일련의 활동 중에서 가장 중요한 역할을 한다.

가게는 제2의 집이라고 할 수 있다. 장사하는 사람들은 오히려 가게에 있는 시간이 집에 있는 시간보다 더 길 수도 있다. 그런 곳이 더럽다고 한 번 생각해보라. 음식 재료가 과연 청결하고 신선하겠는가. 당신은 과연 그런 집에서 음식을 먹고 싶겠는가. 사람은 인지상정이라 했다. 나의 가게, 나의 생활, 나의 태도는 은연중에 그대로 고객에게 전달된다. 고객의 기억 속에 청결하지 못하고 지저분하다는 인식을 심어주는 것은 아주 치명적이다. 당신은 식중독 한 번, 쉰 음식 한 번으로 망한 가게가 부지기수라는 것을 알 것이다.

내가, 내 가족이 먹는다는 생각으로 청결한 환경, 신선한 재료를 사용하는 것은 장사를 하는 사람이 지녀야 할 최소한의 책임이자 의무이다.

디테일이
장사의 성패를 결정한다

장사는 현장에 답이 있다

많은 사람들이 장사로 성공을 꿈꾼다. 성공을 하기 위해, 돈을 벌기 위해서 당신도 장사에 뛰어들었을 것이다. 나도 그랬다. 충청도에서 촌놈으로 태어나 공부를 하기보다는 빨리 돈을 벌고, 성공하고 싶어서 긴 인생의 직업 좌표란에서 장사를 선택했다. 청소년기에는 장사를 너무 하고 싶어서 11번이나 가출을 하기도 했고, 레스토랑에서 일할 때는 손님들이 봉사료로 주는 500원을 어떻게 하면 더 많이 받을 수 있는지를 고민하기도 했다.

그렇게 원하던 장사를 해온 지 어느 덧 반평생이 넘는다. 대전 은

장사의 달인은 장사하지 않는다

행동에서 소주방을 할 때는 인형을 쓰고 호객행위를 하다가 손님들에게 발길질을 당하기도 했고, 각양각색의 전단지와 상품권을 제작해 로드쇼도 해봤고, 사랑의 유람선으로 큰돈을 벌기도 했다. 어쨌든 그 오랜 시간 동안 나는 장사를 통해서 다양한 경험을 했고, 인생의 참 많은 것을 배웠다. 곳곳에 있는 장사 고수들에게서 좋은 음식을 만드는 방법은 물론 삶의 태도와 행동양식까지 배웠으니, 그분들이야말로 내 인생의 참된 스승이 아닐 수 없다. 고객들은 또 어떤가. 그들 또한 내게 큰 깨달음을 주었음을 부정할 수 없다.

그런데 이렇게 오랜 기간 장사를 해왔으니 이제는 좀 쉬워야 할 텐데도 여전히 장사는 어렵다. 어떤 사람들은 장사도 잘 되면서 괜한 엄살을 부린다고 말할지도 모른다. 하지만 나는 하면 할수록 장사의 길이 어렵고 험한 여정이라는 것을 뼈저리게 느낀다.

나는 배우는 데에 노력과 시간과 돈을 아끼지 않는 편이다. 어려움을 돌파할 수 있는 방법은 결국 배우고 실천하는 길밖에 없기 때문이다. 꽉 막힌 외통수에 빠지지 않기 위해, 항상 처음에 먹었던 마음속 다짐을 새롭게 다지기 위해, 나는 매주 월요일이면 전국의 맛집을 향해 길을 나서고, 마케팅 관련 공부를 하고, 세미나 등에 열심히 참여한다.

이 중에서도 특히 현장에서 많은 것을 배울 수 있는 맛집 여행은 내가 가장 좋아하는 학습방법이다. 아무리 봄이 힘들어도 월요일이면 미리 마음속으로 정해놓은 맛집으로 향한다. 거리가 가깝든 멀든 그것은 상관없다. 지금은 교통이 좋아져서 아무리 먼 곳이라도 새벽에 일어나기만 하면 그날 하루는 오롯이 그 지역 근처에서 하루를 보내고 배울 수 있기 때문이다.

맛집에 도착하면 나는 먼저 그곳 사장님께 인사를 드린 후 찾아온 이유를 설명한다. 이곳을 어떻게 해서 알게 되었고, 나는 어떤 장사를 하고 있다는 등, 시시콜콜한 것부터 시작해 어느 정도 말을 트고 나면 본격적으로 들이댄다. 세상에서 가장 좋은 대학은 '들이대'라는 농담도 있듯이, 나는 끊임없이 묻고, 사장님의 대답에서 배우고, 느끼고, 익힌다. 때로는 자신만의 중요한 노하우라며 가르쳐주기를 꺼리는 경우도 있다. 그러면 다음 주에 들르고, 퇴짜를 맞으면 다시 그다음 주에 들러 기필코 그들과 인연의 끈을 엮어 궁금한 것을 해결한다.

거기서 배우고 느끼고 익힌 것으로 그냥 끝내는 것이 아니라 수첩에 그 노하우와 기술들을 메모해서 우리 가게에 응용하기도 하고, 조언을 구하는 후배들에게 팁으로 제공하기도 한다. 과거에는 그런 노하우들이 제대로 활용이 안 되기도 했지만 어쨌든 그것들은 내 지식의 보고이자, 아이디어 뱅크로서 역할을 톡톡히 했다. 그런데 최근에는 요청받은 창업 강의나 컨설팅에서 그런 아이디어 보따리를 풀어 놓고 나서 사람들이 하나둘씩 적용하는 것을 보면서 그때의 노고가 보상받는 것 같아 너무나 흐뭇하다.

디테일이 고객 감동을 부른다

나는 나름대로 큰 감동을 받았는데, '그 비법이라는 게 별거 아니네'라고 말하는 사람들을 자주 본다. 그 말을 들을 때면 맥이 탁 풀린다. 요즘 같은 세상에 우리가 모르는 고차원적인 지식이 얼마나 있겠는가. 인터넷이 발달한 우리나라에서 가보지 않고, 맛보지 않고도 얻을 수 있는 선험적 지식은 정말 무수히 많다.

문제는 그러한 선험적 지식이 수박 겉핥기에 불과할 뿐이라는 것이다. 게다가 이미 다 알고 있다는 착각을 심어주어 세밀한 경험적 지식, 디테일한 지식을 가볍게 여기도록 만든다는 것도 문제다. 나아가 이로 인해 반면교사가 되는 좋은 이야기, 기막힌 노하우를 들어도 가슴이 뛰지 않는다는 건 더 큰 문제다. 다 안다는 것, 그것만큼 장사하는 사람에게 위험한 것은 없다. 어떤 것을 보더라도 감동이 없고, 감동이 없으니 벤치마킹을 할 리 없고, 그러니 발전이 있을

리 없다.

그들의 말처럼 새삼 새로운 것들은 없을지도 모른다. 하지만 직접 가서 보라. 실제로 음식을 준비하고 만드는 것을 보면 모니터나 언론에서 본 모습과는 천지차이라는 것을 느낄 수 있다. 그 차이란 바로 디테일에서 만들어진다. 성공한 사람과 그저 그런 사람의 차이도 기본적으로는 디테일의 차이에서 비롯된다. 물에 비유해서, 100도에 도달해 끓는 물을 성공한 사람, 99도로 끓지 못한 물을 그저 그런 사람이라고 하자. 그 차이란 겨우 1도에 불과한데 결과는 완전히 달라진다. 여기서 말하는 1도가 바로 디테일이라고 할 수 있다.

나는 식당을 통해서 디테일을 살리고 실현시키고자 노력하고 있다.

나는 매장을 홍보와 유머 공간으로 활용하고 있다. 매장 곳곳에 적절한 문구를 담은 액자나 안내문 등을 설치하거나 부착해, 우리

웃으면 복이 온다? 천만의 말씀. 웃으면 한 번 더 온다.

장사의 달인은 장사하지 않는다

식당의 사명감을 표현하고 웃음을 전달해 소통을 꾀하고 있다. 뿐만 아니라 매장 외부에 있는 벽은 손님들에게 대전을 알리는 홍보도우미 역할도 하고 있다. 매장은 제2의 집이기도 하지만, 직접적인 홍보창구이기도 하다. 이를 적절히 잘 활용한다면 입소문을 내는데 도움이 될 수 있다.

매장 내 직원들의 디테일도 중요하다. 가령 아이를 안은 엄마가 들어온다고 가정해보자. 그러면 우리 직원들은 인사를 한 후 바로 달려 나가 아이를 받아 안는다. 들어오려면 신발을 벗어야 하는데 아이 때문에 불편을 겪을 것이 뻔하기 때문이다. 다른 가게 직원들

〈바다횟집〉에서 제공하는 안경 세척기. 잘 보여야 맛있게 보이고, 맛있게 보여야 정말 맛있다.

은 대개 멀뚱멀뚱 바라보지만, 우리 직원들은 이처럼 디테일이 습관처럼 몸에 배어 있다. 또한 어르신의 경우에는 인사를 드린 후 가까이 다가가 지팡이나 신발을 챙겨드리고 손을 잡으며 반긴다. 이처럼 우리 가게 직원들의 행동에는 배려라는 디테일이 은연중에 담겨 있다.

이러한 직원들의 디테일은 그냥 이루어지는 것이 아니다. 직원들에게 지속적인 마인드 교육과 서비스 교육을 해서 만들어진 결과이다. 작은 행동의 차이가 큰 매출의 차이로 이어지는 법이다. 그래서 디테일은 아무리 강조해도 지나치지 않다.

우리 가게에는 다른 가게에서는 찾아볼 수 없는 것들이 많다. 그 중에서도 대표적인 것이 안경세척기다. 안경 쓴 사람들은 이것을 보고 매우 즐거워한다. 안경을 담가 세척하면서 어떻게 이런 생각을 했느냐며 묻는다. 그것은 간단하다. 내가 고객이라고 생각하고, 고객 입장에서 바라보고 생각하기 때문이다. 배려를 하는 디테일은 바로 거기서 나온 것이다.

가게는
살아 있어야 한다

움직이고, 바뀌어야 살아 있는 가게다

나는 원칙주의자다. 기본적으로 가게가 살아 움직여야 한다고 생각하는 원칙주의자다. 그렇다고 해서 3D 영화처럼 건물이나 가게가 벌떡 일어나 움직여야 한다는 말이 아니다. 주변을 한 번 둘러보라. 살아 움직이지 않는 것은 거의 다 죽은 것이다. 그것들은 무생물이다. 우리가 취급하는 생선만 봐도 그렇다. 살아 움직이지 않는다면 죽은 생선이다. 죽은 생선은 살아 있는 생선에 비해 값어치가 크게 떨어진다. 이것은 삶의 전반에 지배적인 현상이다.

비단 생물만 살아 움직이는 것이 아니다. 우리 가게, 매장을 방문하는 고객도 생생하게 살아 움직이다. 고객이 살아 움직인다는 것은 단순히 살아 있다는 것이 아니라, 그들의 취향과 기호 등이 시시각각으로 바뀐다는 것을 뜻한다. 아침에 맛있게 먹었던 음식도 오후가 되면 맛이 없다고 느끼는 게 고객이다. 어떤 사람은 이를 두고 너무 변덕스럽다고 말할지도 모른다. 하지만 어쩌겠는가. 그것이 절대 갑의 위치에 있는 고객의 속성인 것을.

그런 고객을 탓할 필요 없다. 탓해봤자 당신 손해다. 차라리 깨끗하게 인정하고, 그 속성을 제대로 파악해 대응하는 편이 훨씬 이롭다. 그런 접근을 취한다면 고객은 당신에게 환호하고, 열렬한 지지자가 될 것이다.

매장을 펄떡이며 살아 움직이게 하라

나는 장사가 잘 되는 가게와 잘 안 되는 가게를 금세 알아차릴 수 있다. 그것은 너무나 간단하다. 가게가 살아 움직이는지 여부를 파악하면 된다. 거기에는 다음과 같은 것들이 포함된다.

🔖 **간판의 상태** : 사람을 만나면 명함을 건네듯이, 고객에게 첫인

상을 심어주는 것은 간판이다. 들어가려는데 간판불이 깜짝거리거나 깨졌거나 불이 들어오지 않는다고 생각해보라. 그 가게에 들어가면 귀신이 나올 것 같다는 생각이 들지 않겠는가. 당신이라면 그런 가게에 들어가고 싶겠는가.

🔍 입구 화분 : 보통 가게를 개업하면 화분을 선물한다. 그렇게 받은 화분 속의 화초나 나무들이 죽어가고 있다면 그 가게는 죽어가고 있는 것이다. 즉 장사가 점점 안 되는 가게가 되어가고 있는 것이다. 생물이 잘 자란 모습은 사람들의 기분을 좋게 하고, 생동감을 불러일으킨다. 또한 가게 관리가 잘 되고 있다는 방증이다. 음식도 그렇다. 잘 되는 가게일수록 식재료가 신선해 음식이 맛있는 법이다. ˙

🔍 청소 상태 : 청소는 아무리 강조해도 결코 지나치지 않다. 가게 구석을 쓰윽 한 번 둘러보고, 빈 테이블 위를 손으로 쓰윽 한 번 쓸어보면 청소 상태를 바로 파악할 수 있다. 청소 상태를 보면 음식 맛은 보지 않아도 훤하다.

🔍 조명등의 상태 : 조명등이 깜빡거리거나 조도가 너무 낮거나 먼

지로 가득 덮여 있다고 생각해보라. 음식을 먹고 싶은 생각이 들겠는가. 조명은 분위기를 조성하는 최고의 무기이다. 특히 여성들의 경우에는 조명에 매우 예민하다. 이 점을 헤아려 조명등의 상태를 항상 확인하고 시간이 날 때마다 청소도 해야 할 것이다.

🖋 청소도구 : 구석 아무 데나 청소도구를 던져 놓은 가게들이 많다. 자기 딴에는 안 보이는 곳에 두려 했다고 말하지만, 정작 고객들의 눈에 띈다면 아무 소용없다. 반드시 비품함을 만들어 안 보이는 곳에 두어야 할 것이다. 청소도구를 본 순간, 입안에 들어가는 음식은 쓰레기가 되기 때문이다.

사람이 살아 움직여야 가게가 산다

가게가 살아 움직이는 데에는 많은 요소가 작용한다. 앞서 언급한 것 외에도 챙겨야 할 가장 중요한 것이 있다. 바로 직원이다. 직원은 가게의 간판이자 살아 움직이는 꽃이며, 가게를 살아 움직이게 하는 최고의 장식이라고 할 수 있다. 그들이 살아 움직이는지 여부는 궁극적으로 가게의 생존과 직결된다.

하지만 일하는 직원들이 죽은 꽃이 된 경우가 너무 많다. 그들의 표정에서는 웃음기를 찾아볼 수 없고, 대답은 무뚝뚝하거나 퉁명스러우며, 행동에는 절제나 배려를 찾아볼 수 없는 경우가 정말 많다. 그런 직원을 만나면 고객은 저절로 기분이 나빠질 수밖에 없다. 나쁜 기운이 드리워져 있는데 그것을 느끼지 못할 사람은 없다. 직원들을 웃게 만들기 위해서는 운영 분위기 자체가 배려를 하고 부드러워야 한다. 직원들의 태도 문제를 개선하기 위해서는 반드시 교육도 뒤따라야 할 것이다.

또한 지시나 전달 사항이 제대로 전달되지 않고 유기적으로 돌아가지 않는 경우도 많다. 이런 경우에는 카운터, 서빙, 주방으로 연결되는 동선에서 정확히 전달되는 시스템을 구축하고, 운영상의 피드백은 물론 매뉴얼을 지속적으로 만들어야 한다. 이러한 업무적 처리 방식과 시스템 개선 등을 통해 직원들을 꽃피우게 만드는 것도 경영하는 사람의 몫이라고 할 수 있다. 이를 위해서는 당연히 경영하는 사장도 살아 움직여야 한다. 그러기 위해서는 자신을 버려야 한다. 그래야 자신을 바꾸고, 직원을 변화시키며, 이를 통해 시시각각 변하는 고객을 사로잡을 수 있다.

'관성'과 '마지못해'에서
벗어나라

의무감을 깨뜨리는 소통의 방법

누구나 학교 다니던 때를 기억하면 떠오르는 것이 있을 것이다. 아침이면 엄마의 외마디소리나 알람 소리에 마지못해 이불 밖으로 기어 나와 고양이 세수를 한 후, 아침을 먹는 둥 마는 둥 하고는 가방을 챙겨 학교를 향해 후다닥 달려갔을 것이다. 그렇게 학교에 도착하면 공식 일정으로 제일 먼저 조회가 시작됐다. 조회가 시작되면 선생님은 복장 및 두발 검사를 하고, 오늘의 할 일이나 주의사항, 고지사항 등을 말씀하셨다. 그리고 난 후에는 오늘도 열심히 공부하라는 당부를 잊지 않으셨다.

백화점 문이 열리자마자 가본 사람은 이런 모습을 본 적이 있을 것이다. 직원들끼리 서로 간단히 몸을 풀어주고, 마주보며 미소를 지으며 인사하는 것을. 그러고 나면 중간관리자가 간단히 고지사항을 전하고 "오늘도 고객을 위해 최선을 다합시다!"와 같은 구호를 외치면 모두가 따라하며 박수를 치고 조회를 마쳤을 것이다. 그렇게 조회가 끝나면 모든 직원들은 정문 앞에서 고객들을 향해 고개를 숙이며 "어서 오십시오"라고 고객을 맞이했을 것이다.

이것은 학교나 백화점에서만 볼 수 있는 풍경이 아니다. 일반 직장에서도 이런 모습을 보는 것은 그리 어렵지 않다. 그렇다면 왜 이렇게 많은 곳에서 조회를 하는 것일까? 그 이유는 시작할 때의 마음가짐이 하루를 좌우하기 때문이다. 인간은 몸이나 마음이 편하고 쉬운 것으로 되돌아가려는 관성을 가지고 있다. 이것을 다잡기 위해서는 지속적으로 관리하고 교육하는 것이 필요하다. 이런 점에서 조회는 아주 효과적이며, 중요한 역할을 한다.

그런데 정작 조회에 참석한 사람들의 표정을 눈여겨본 적이 있는가? 교사든, 학생이든, 사장이든, 중간관리자든, 일반 직원이든, 그들의 표정은 너무나 굳어 있고, 무미건조하다. 교사나 사장 또는 중간관리자처럼 조회를 주도하는 사람의 진행 자체가 형식적이다. 학생이나 일반 직원들은 위에서 하니 어쩔 수 없어서 받아야 하는 의

무로 느낄 뿐 그들의 표정에서는 어떤 즐거운 감정도 읽을 수가 없다. 한마디로 '관성처럼', '마지못해' 할 뿐이다. 그러니 조회가 과연 효과가 있겠는가.

내가 보았던 곳 중에서 '관성처럼', '마지못해'라는 표정이 가장 적나라하게 드러난 곳이 있다. 바로 예비군 훈련장과 민방위 훈련장이다. 그곳에 참석한 거의 모든 사람들이 그런 표정을 짓고 교육을 받고 있었다. 대중 강의를 하는 강사들조차도 예비군 훈련장과 민방위 훈련장을 '강사들의 무덤'이라고 한단다. 자신이 원한 것이 아니라 강제로, 의무적으로 참석한 것이기 때문에 제 아무리 뛰어난 강사라도 그들의 얼굴과 표정을 마주하면 분위기를 띄울 방법을 도무지 찾을 수 없기 때문이라고 한다.

우리 가게는 조회에서 '관성처럼'과 '마지못해'를 철저히 지양한다. 그런 하나마나한 조회의 폐해를 너무 잘 알고 있기 때문이다. 그렇다면 어떻게 그것을 피하고 있을까? 그 비결이라면 조회를 일방적으로 진행하지 않고, 서로 칭찬과 격려를 한다는 데 있다. 얼굴만 보았을 때는 산도둑처럼 무뚝뚝해 보이는 나도 조회시간만큼은 직원들에게 헤픈 사람이 된다. "어제 저희 가게를 들른 ○○○님께서 우리 직원들이 너무 친절하다고 말씀해 주셨습니다. 칭찬에 몸 둘 바를 몰라서 몸을 베베 꼬다보니 덕분에 제가 골뱅이가 되었습니다"와 같이 칭찬과 격려에 유머를 곁들이면 직원들의 마음은 무장 해제가 된다.

사장이나 윗사람이 너무 진지하면 직원이나 아랫사람은 마음속 으로 긴장할 수밖에 없다. 출근하자마자 조회 때부터 긴장하면 자

사장이 주인이 되면 기본밖에 할 수 없다. 직원이 주인이 되면 상상도 할 수 없는 일이 일어난다.

연스레 하루는 길고, 피곤하고, 고될 수밖에 없다. 그런 직원들이 과연 고객들에게 제대로 서비스를 제공할 수 있겠는가. 그것은 말이 되지 않는다.

성장과 발전을 부르는 '3·3·3 법칙'

그렇다고 해서 내가 방임하듯이 직원들을 그냥 놔두거나 관여하지 않고 풀어놓는 것은 아니다. 오히려 다른 곳보다 훨씬 철저하게 관리한다. 그중에서도 대표적인 것으로 우리 가게에만 있는 '3·3·3 법칙'을 들 수 있다. '3·3·3 법칙'이란 30분 먼저 출근하기, 다른 동료보다 30% 더 일하기, 집에 가서 30분 반성하기로 구성되어 있다. 이것은 내가 자체 개발한 것이 아니다. 지난날 10대 후반에 가출해서 레스토랑에서 일할 때 거기 사장님께서 알려준 방법이었다. 그때 배운 이 법칙을 활용해 나는 스스로 큰 성장을 이룰 수 있었다. 그때 이것을 가르쳐주신 레스토랑 사장님께 이 지면을 빌려 감사의 말씀을 전한다.

'3·3·3 법칙'은 직원들의 하루까지 관리한다는 점에서 다른 가게에서는 찾아볼 수 없는 우리 가게만의 차별화된 제도이다. 이것을 관리라고 여기는 사람이 있을지 모르지만, 나는 그렇게 생각하지 않는다. 내 개인적으로는 관심과 애정의 표현이라고 생각한다. 실제로 나는 3·3·3 법칙을 통해 나 스스로를 변화시키고 가게 경영까지 성공적으로 이끌 수 있었다.

비록 한 부모에게서 태어나지는 않았지만 나는 직원들을 가족이라고 생각한다. 동기간보다 더 자주 보고, 말을 하니 가족보다 더 가까운 사이라고 할 수 있다. 그만큼 그들은 살갑고, 감사한 존재들이다. 그런 그들과 좋은 것을 나누는 것은 너무나 당연하고, 좋은 것을 가르쳐주는 것은 인지상정이다. 더욱이 조회와 3·3·3 법칙은 그들 스스로의 자존감을 높이고, 나아가 동기를 부여한다는 점에서 강점을 가지고 있다. 장사하는 사람이라면 적극적으로 활용해 보기를 바란다.

직원 교육은 내가 보고 느낀 만큼 가르칠 수 있다. 내가 교육한 만큼 직원들의 서비스도 딱 거기까지다. 아무리 가족 같은 사이라고 해도 공과 사는 구분해야 한다. 공과 사가 구분되지 않으면 직원들의 정신 상태는 해이해지고, 조직의 규범은 무너진다. 그렇다고 해서 너무 엄격해지면 조직의 분위기가 딱딱해지고, 흥이 나지 않아 일에 재미를 잃게 된다. 따라서 적절한 안배가 필요하다. 특히 서로에 대한 배려는 매우 중요하다. 또한 더욱 발전하고 성장하는 데 좋은 것이라면 직원들에게 전하는 것을 주저할 필요가 없다. 좋은 것은 서로 나누라는 격언이 있지 않은가. 직원을 가족과 주인으로 만드는 것은 장사를 성공으로 이끄는 가장 든든한 밑천이다. 이것을 잊지 말고, 그들과 한 배를 타고 간다는 생각으로 그들을 살아 움직이게 하는 방법을 찾기 바란다.

사장 없이 돌아가는
시스템을 만들어라

모든 문제의 답은 자신이 알고 있다

최근에는 자영업자, 그중에서도 음식점 관련 사람들을 많이 만난다. 특히 음식점을 창업하려는 사람들이나 종사자들을 대상으로 한 강의나 TV 프로그램에 출연하면서부터는 무작정 찾아와 들이대면서 한 수 가르쳐 달라는 요청이 부쩍 늘었다. 그런 상황을 접하면 당황스럽기 그지없다.

하지만 어쩌겠는가? 그만큼 절박하다는 증거 아니겠는가? 그런 사람들을 문전박대하거나 외면할 만큼 야박한 사람은 세상에 그리 많지 않을 것이다. 나 또한 그렇다. 남들은 어떻게 생각할지 모르지만 그렇기에 세상은 아직 따뜻하고 살만한 것 아니겠는가.

나는 사람들이 도와달라고 할 때마다 마음이 아프다. 그런 사람들을 만나면 일단 제일 먼저 공감을 해준다. 그것 하나만으로도 사람 한 명의 목숨을 살릴 수 있다. 드러난 겉모습만으로 그 사람이 처한 상황을 파악하기란 쉽지 않다. 따라서 먼저 공감해주고 그들이 입을 열도록 해야 한다. 그래야 그들의 처지를 이해하고, 대책을 세울 수가 있다.

입을 열면 나는 찬찬히 그들의 말을 듣는다. 그리고 그들의 현재 상황을 머릿속으로 그려본다. 그런데 그들의 말을 유심히 듣고 고개를 끄덕이다 보면 저절로 답이 나온다. 사실 그들 대부분은 말을 하다가 스스로 답을 알아차리게 된다. 단지 그동안 다른 사람에게 속내를 털어놓지 못하거나 질문하지 않았기 때문에 답을 찾지 못했을 뿐이다. 아니면 시간에 쫓기거나 피곤에 찌들어 그런 여유를 가지지 못했을 수도 있다. 나는 그들의 말을 들어주고 고개를 끄덕여주는 것만으로 이미 문제의 절반 정도는 해결한다.

그러고 나면 모든 것이 일사천리로 진행된다. 스스로 답을 알고 있기 때문에 물가로만 끌고 가면 나머지는 그야말로 식은 죽 먹기다. 나는 정작 한 게 별로 없다. 그들의 말을 들어주고 고개를 끄덕여주고, 공감하고, 다독여주었을 뿐이다. 그렇게 하고는 그들에게 고맙고 감사하다는 말을 듣는다. 그럴 때면 몸둘 바를 모르겠다. 그래도 나름대로 시간을 할애해서 수고에 대한 대가라고 생각하면 흐뭇하다.

그런데 그중에는 정말로 무엇을 어떻게 해야 할지 몰라서 실행하지 못하는 경우도 종종 있다. 이제 막 장사를 시작해서 아무것도 모르거나 큰 그림을 그리지 못한 채 끙끙 혼자서 모든 것을 생각하고, 판단하고, 결정하다 보니 우물 안 개구리가 되어 허우적거리는 경우가 여기에 속한다. 사장 혼자서 북 치고 장구 치다 보면 제대로 된 시스템을 갖추지 못한 채 임기응변식이나 그때그때 순간적으로 대응하기 쉽다. 이런 사람들은 눈앞의 것에 현혹되어 작은 장사밖에 할 수 없다.

등산을 좋아하는 사람들은 알 것이다. 앞만 보고 행군을 하듯 오르면 산에 오르는 재미를 느낄 수 없다는 것을. 주위도 둘러보고 옆 사람과 세상 살아가는 이야기도 나누고 중간중간 멈춰 서서 먼 곳을 바라보며 호흡을 가다듬을 때 등산의 진정한 묘미를 비로소 느낄 수가 있다.

바둑도 마찬가지다. 바둑판만 뚫어져라 보는 사람은 정작 판세를 제대로 읽을 수 없다. 오히려 옆에서 보는 사람이 판의 흐름을 전체적으로 잘 읽고, 대세를 더 잘 파악한다. 그래서 동네 바둑에서는 그들의 훈수가 승부에 결정타가 되는 경우가 많다. 이처럼 사람들은 눈앞의 것에만 집착하다가 정작 큰 그림을 제대로 보지 못하는 경향이 있다. 장사도 경영이라고 앞에서 말한 것과 같은 맥락이다.

직원들이 밥 먹여 준다

나는 자문을 구하는 분들에게 항상 큰 장사를 하라고 말한다. 여기서 큰 장사란 다음과 같이 두 가지 의미를 지니고 있다.

첫 번째는 고객에 관한 부분이다. 이는 소탐대실의 반대말로, 눈 가리고 아웅하는 것처럼 고객을 속이는 것을 지양하는 것을 뜻한다. 속여서 판다면 결국 한두 번밖에 팔 수가 없다. 이를 지양하고 단골 고객을 만들어 관계를 계속 이어가야 한다는 것이다.

두 번째는 시스템에 관한 부분이다. 이는 사람들을 고용하거나 활용해서 장사의 판과 조직과 구조를 키우라는 뜻이다. 혼자서 죽어라 일해 봤자 벌어들이는 돈은 결국 뻔하다. 큰돈을 벌려면 다른 사람의 손과 노력을 빌려야 가능하다. 시스템은 여기에만 한정되는 것이 아니다. 장사 전반, 즉 구매부터 관리와 서비스 등에 이르기까지 모든 것을 아우르는 개념이다.

그렇게 큰 장사를 하게 되면 당신을 먹여살리는 것은 결국 직원과 고객이 된다. 이런 경우 많은 사장들은 자신들의 역할이 직원을 관리하고 감독하는 데 있다고 생각하게 마련이다. 만약 사장의 역할이 거기에 머문다면 가게는 크고 넓을지 모르지만 그것은 작은 장사가 된다. 큰 장사를 하려면 직원들에게 동기를 부여해 그들이 신나게 만들어야 한다. 그들이 신이 나야 고객이 만족할 수 있다. 이것이 바로 당구 용어를 빌린 장사의 '쓰리쿠션 효과'이다. 고객에게 감동을 주려면 먼저 직원을 감동시켜야 한다.

우리 식당은 큰 장사를 하기 위해 직원들에게 여러 가지 동기부여 제공책을 제시하고 있다. 열심히 일한 대가로 특별 보너스와 유급 휴가를 제공할 뿐만 아니라 명절이나 직원들 생일에는 신권으로 금일봉을 주고 있다. 나도 사람인데 어찌 욕심이 없겠는가. 하지만 그 돈을 내 호주머니로 넣는 순간 나는 작은 장사를 하게 된다. 그렇게 되면 직원들은 점차 에너지가 사라져 우리 식당은 사막 같은 곳이 되고 말 것이다. 나는 많이 벌어서 많이 나누는 것이 훨씬 큰 장사라고 생각한다.

또한 손님들이 잘 먹고 서비스를 잘 받았다며 주는 팁으로 서로 간에 경쟁을 유도하고, 받은 팁을 모두 모아 함께 분배함으로써 화합을 유도하고 있다. 즉 1달 동안 누가 가장 많은 팁을 받았는지 체크하고

직원들 위에 있으면 지시하고 명령해야 움직인다. 직원들과 함께하면 말하지 않아도 사장처럼 움직인다.

장사의 달인은 장사하지 않는다

칭찬과 격려를 한 후, 받은 팁을 모두 투명하게 나눔으로써 경쟁과 화합이라는 두 마리 토끼를 한꺼번에 잡고 있다.

이러한 당근책들은 직원들의 사기와 에너지와 자존감을 고양시키고 동기를 부여하는 역할을 한다. 사람은 신이 나면 자연스레 그 에너지가 주위에 전파되게 마련이다. 또한 지시나 명령을 하지 않아도 적극적으로 활동하고, 스스럼없이 자발성을 드러내게 된다. 그렇기 때문에 우리 식당 직원들은 눈에 보이는 곳뿐 아니라 잘 보이지 않는 환풍구까지 깨끗하게 청소하는 것이다. 그리고 고객을 대할 때 주인처럼 대하는 것이다.

많은 사람들이 시스템을 단지 직원들을 관리하거나 감독하는 것쯤으로 이해한다. 하지만 나는 자기 스스로, 자발적으로 일하도록 만드는 것이야말로 진정한 시스템이라고 생각한다. 나는 사장의 역할이 직원들을 열심히 일하도록 자극하고 동기를 부여하는 데 있다고 생각한다. 관리나 감독은 그들의 몸과 마음을 옥죄어 타성에 젖거나 수동적으로 움직이도록 만든다. 몸과 마음이 경직되면 고객에게 제대로 된 서비스를 제공할 수 없다. 그런 서비스를 받으면 고객들은 부자연스럽게 느낄 수밖에 없다. 그런 서비스에 과연 고객들이 만족할 수 있겠는가.

큰 장사의 시작은 주인의식을 가진 직원들로부터

일반적으로 식당은 직원들의 이직률이 높다. 게다가 출퇴근 시간 엄수나 업무에 대한 이해도나 충실성도 상당 부분 떨어진다. 나는 이미 이에 대해 알고 있었다. 그래서 개업 초기부터 직원들을 가족과 같이 존중하고, 그들을 식당의 주인으로 만들려는 계획을 세웠다. 나는 직원들에게 스스로 선택하고 결정할 수 있도록 많은 자율성을 부여했다. 하지만 기본사항이라고 할 수 있는 태도와 마음가짐에 관한 다음의 것들은 철저히 관리했다.

· 출, 퇴근 시간 엄수
· 복장 철저
· 준비사항 및 업무 처리에서의 철저한 마무리
· 지시 및 전달사항의 정확한 전달
· 공사 구분
· 하루 3가지 일 찾아서 하기
· 텃세 없애기

그 결과 지금은 직접 직원들을 관리하지 않고 있다. 기업에서 전문 경영인(CEO)이 따로 경영 전반을 책임지듯이 우리 가게도 매장관리와 운영을 매니저가 책임지고 진행하고 있다. 이제는 내가 챙기지 않아도 직원들 스스로 규칙을 만들고 함께 실천한다. 내가 더 큰 장사를 할 수 있을 만큼 직원들 스스로가 자발적으로, 주인의식으로 똘똘 뭉쳐 있다.

어떤 사장님들은 "내가 있어야 직원들이 일을 한다"고 말한다. 그 말은 사장이 보이지 않으면 제대로 일을 하지 않고, 운영이 되지 않는다는 의미이다. 그러니 가게에 매여 있을 수밖에 없다. 사장이 없이도 알아서 잘 돌아가는 가게, 그 시작은 어떻게 시스템을 구축하고, 직원들의 마인드를 변화시키느냐에 달려 있다. 그러기 위해서는 사장이 먼저 생각을 바꿔야 한다.

직원을 춤추게 하는
사장의 솔선수범

안 좋은 상황은 직접 나서서 정리하라

우리 가게는 해산물을 주로 취급한다. 그중에서도 물회와 활어회, 해물탕, 해신탕 등이 고객들의 사랑을 많이 받는다. 이런 음식에서 빠지면 서운한 것이 있다. 술이다. 나도 술이라고 하면 옛날에는 자다가 벌떡 일어날 만큼은 좋아했다. 하지만 장사를 하다가 이 손님, 저 손님이 건네는 술을 한 잔, 두 잔 받아 먹다 보면 몸을 가누기가 힘들어져서 요새는 되도록 거절을 하고 있다.

장사를 하다 보면 술을 과하게 마신 후 주정을 하는 분들을 대할 때가 있다. 물론 내가 아는 사람들 중에는 그런 사람이 거의 없다. 이

곳에서 오랫동안 장사를 하다 보니 내 이름 석자가 어느 정도 알려져 있고, 내가 이 식당의 주인이라는 것을 알고 있기 때문이다. 대개는 나를 모르거나 처음 방문한 사람들이 술을 먹고 사고(?)를 친다.

이런 경우, 나는 뒷짐을 지고 나 몰라라 하는 법이 없다. 큰소리가 나면 바로 달려가 직원들을 뒤로 무르고 전면에 나서서 고객을 응대한다. 그렇지 않으면 일은 더 커지고 직원들이 큰 곤혹을 치르기 때문이다. 이런 일은 사장이 나서야 깨끗하게 빨리 정리가 된다. 직원들이 나서면 손님들은 직원들을 깔보고 기세가 더욱 등등해져 가게 안은 금세 아수라장이 되기 쉽다.

이런 일을 당하면 직원들은 억울할 뿐만 아니라 직업에 대한 회의감까지 들게 마련이다. 직원들이 무슨 죄란 말인가. 이런 상황을 막아주는 솔선수범의 자세도 사장이 가져야 할 중요한 마음가짐 중 하나다. 그렇지 않으면 직원들이 누구를 믿고 따르겠는가. 돈으로만 따르라고 한다면 직원은 언제든 좋은 조건을 만났을 때 옮겨갈 수밖에 없다.

오래전 일이다. 9시쯤 되어서 카운터 앞에서 큰 소리가 들려왔다. 이런 경우는 보지 않아도 뻔하다. 열에 아홉은 손님의 술주정 때문이다. 나는 바로 달려가 직원들에게 뒤로 물러서라고 손짓을 했다. 몇 명의 손님 중 한 사람이 취중에 삿대질을 해가며 횡설수설 말을 해댔다. 그에 따르면 4시경 우리 식당에 와서 술을 마시고는 휴대폰을 잃어버렸다는 것이었다.

나는 먼저 "아이고, 비싼 휴대폰인데. 어쩌신데요"라며 공감하는 말을 건넸다. 그리고 직원을 불러 혹시 손님이 놓고 간 휴대폰이 있는지 확인했다. 역시나 없었다. 나는 완곡한 어투로 "저희 가게에 없는 걸 보면 여기서 잃어버린 것은 아닌 것 같습니다. 혹시 그 이후에 들른 곳은 없었습니까?"라고 다시 되물었다. 하지만 거의 인사불성이 된 그는 여기서 잃어버린 것이 맞다며 목청을 높였다.

카운터 앞이 시끄러워지자 나는 룸으로 가서 이야기를 나누자고 제안했다. 그런데 웬걸? 그는 망부석처럼 꼼짝도 하지 않지 않았다. 안 되겠다 싶어 그의 손을 잡아 끌자, 주위 사람들의 만류에도 불구하고 그의 손바닥이 '철썩' 하고 내 볼을 스쳐갔다. 순간, 눈에 불이 들어온 것 같았다. 결국 같이 온 사람들이 뜯어 말리고, 그를 끌고 가다시피 해서 일단락이 되는 듯 싶었다.

그런데 좀 있다가 그 손님이 경찰을 대동하고 나타났다. 본인이 신고를 했다면서 경찰이 와서 CCTV까지 돌려 본 후에야 우리 가게에서 휴대폰을 분실하지 않았음을 확인할 수 있었다. 뺨을 때린 손님이 사과조차 하지 않자 괘씸한 마음에 나도 그를 경찰에 고발했다. 그는 자존심 때문인지 어떤지는 모르지만, 끝내 사과를 하지 않았다.

그날 일을 까마득히 잊은 채 3개월 정도의 시간이 흘렀을 때였다. 개장을 준비하기 위해 잰걸음으로 문을 열고 식당으로 들어섰다. 그런데 웬걸? 나와 형동생 하는 단골손님과 함께, 손찌검을 했던 그가 기다리고 있는 게 아닌가? 하지만 이번에는 그가 무릎을 꿇고 연신 고개를 조아리며 죄송하다는 말을 했다. 알고 보니 그는 함께 온 단골손님의 후배였다. 그 단골손님이 "형님, 이번 한 번만 용서 좀 해주십시오"라고 요청하고 내가 흔쾌히 고소를 취하해 그 일은 없던 일로 정리되었다.

그 후 정말 재미있는 일이 벌어졌다. 내 뺨을 때린 그 손님이 이제는 단골손님이 되었다. 일주일에 한 번 정도는 들러서 이야기를 나누는 사이로 발전한 것이다. 세상일이란 그런 것이다. 비록 시작은 좋지 않았더라도 마무리가 좋으면 결국 좋은 인연이 된다. 불만고객을 잘 처리해야 하는 이유도 여기에 있다. 처음에는 뺨을 맞으면서 좋지 않게 시작했지만, 지금은 그와 서로 호형호제하는 관계로 발전하지 않았는가.

이 관계의 시발점은 내가 직원들을 내보내고 솔선수범해서 들어간 데 있었다. 만약 직원이 들어갔다면 이런 관계로 나아갈 수 있었을까? 장사를 하다보면 때로는 억울한 일도 겪게 마련이다. 그렇다고 피해서는 안 된다. 사장은 앞장서서 지휘를 하는 사람이다. 사장이 꽁지를 빼는데 부하들이 도망치지 않을 수 있겠는가. 사장이 솔선수범해서 본보기를 보이면, 직원들은 신뢰하고 자연스레 따라오게 마련이다.

말보다 행동이 더 효과적이다

나는 직원들에게도 솔선수범의 자세를 강조한다. 말로만 그런 것이 아니다. 행동으로도 실천한다. 우리는 식당문을 열자마자 주변을 깨끗이 청소한다. 우리 식당 앞만 하는 것이 아니라 반경 100미터 정도는 그렇게 청소한다. 그것은 우리가 손님을 대하는 방식과 철학에 대한 다짐이기도 하다. 이것은 좋은 평판을 얻으려는 의도에서 시작한 것이 아니다. 솔선수범을 실천하자는 내 생각을 직원들에게 강조하기 위해서다.

자식을 키워본 사람이라면 알 것이다. 자식에게는 좋은 것만 보여주고 싶고, 먹이고 싶고, 입히고 싶어 한다. 또한 좋은 모습만 보이고 싶고, 본보기가 되고 싶어 한다. 나는 직원들을 자식처럼 생각한다. 단지 그것뿐이다. 그들에게 본보기가 되고 싶고, 그들이 살아가면서 그 본보기를 실천하면서 살아간다면 더할 나위가 없다. 솔선수범은 그러한 생각에서 비롯된 것이다.

한 번은 이런 일이 있었다. 직원들과 식당 주변을 청소하는데 어머니뻘 되는 어르신이 쌀을 힘겹게 끌차에 싣고 가는 모습이 보였다. 그 모습을 보자마자 청소하던 빗자루를 내려놓고 뛰어가 끌차를 낚아채며 "어머니, 제가 가져다 드리겠습니다"라고 말했다. 어르신은 연신 괜찮다며 사양했다. 하지만 나는 끌차를 낚아채, 어르신이 앞서 가시도록 하고 그 뒤를 따라갔다. 집에 도착하자마자 쌀을 번쩍 들어 쌀독에 부어드리고 고개 숙여 인사를 드린 후 바쁜 걸음으로 돌아왔다.

그리고 나서 며칠이 지난 주말이었다. 룸 한 곳에서 누군가가 나를 찾는다는 말을 직원이 전했다. 무슨 일인가 싶어 문을 열고 들어섰더니 쌀을 가져다 드렸던 그 어르신이 환한 미소로 나를 맞으셨다. 그러면서 옆에 있는 사람들에게 나를 향해 인사를 드리라고 했다. 알고 보니 그분 자제들이었다. 내 손을 붙들고 어르신은 그때 정말 고마웠다며, 주변에 물어물어 내가 이곳 사장님이라는 알고 찾아왔다고 말씀하셨다. 나는 그저 돌아가신 내 어머님이 생각나서 한 행동이었는데 말이다.

나는 어머님이 생각날 때마다 지역 노인들을 식당에 초대하곤 한

111

다. 나이가 들면 뒷방 노인네 취급을 하는 우리 사회가 정말 안타깝다. 그분들이 있기에 지금의 내가 있고, 나의 성공이 있음을 알기 때문이다. 이렇게 초대해서 조그만 정성을 베풀고 나면 더 큰 사랑으로 돌아온다. 자녀들을 대동하고 나타나서 감사를 표하시기도 하고, 자식들에게 큰 절을 시키기도 하고, 붓글씨로 덕담을 써서 보내시기도 한다.

움켜쥐면 아무것도 쥘 수 없다. 손을 펴면 무엇이든 쥘 수 있다. 마음을 담아 나누면 상대방의 마음을 얻을 수 있다.

때로는 지역의 환경 미화원이나 독거노인, 장애인, 다문화가정을 초청해 식사를 대접하기도 한다. 사회의 보이지 않는 곳에서 묵묵히 일하는 분들의 노고에 감사를 표하고, 사회적 약자들을 챙기는 것이야말로 사회 구성원으로서 해야 할 일이라는 생각이 들어서다. 이렇게 하면 직원들이 닮는다. 사장이 이렇게 하면 그들은 머뭇거리거나 주춤거리지 않고 서비스를 실천한다. 사장은 지시만 하는 존재여서는 안 된다. 몸소 실천으로 직원들을 움직이도록 하는 데도 능해야 한다. 가게는 그럴 때 살아 움직이고 생기가 넘칠 수 있다.

바다형제 海

3장
/
맛을 넘어
가치로 승부하라~

海

맛을 넘어 가치로 승부하라

정직한 재료가
최고의 맛을 부른다

음식 맛은 기본이자 최고의 경쟁력

식당을 하면서 필연적으로 느끼게 되는 진리가 하나 있다. 음식 맛이 무엇보다 기본이라는 것이다. 미디어와 마케팅의 힘이 커지고 강력해졌다고는 하지만 맛의 힘을 이기는 것은 이 세상 어디에도 없다. 한 번 생각해보라. 알려지지 않은 산골 구석에 있어도 어떻게 알았는지 사람들은 기어코 그 집을 찾아가지 않는가. 어디 그뿐인가. 할머니의 상스런 욕을 들으면서도 그들은 굳이 그 집을 찾아가지 않는가.

사람들은 세 치 혀만큼 간사한 것이 없다고 말한다. 나도 동의한다. 여기서 세 치 혀란 말장난으로 상대를 현혹하는 것이 아니다. 우리가 지닌 본연의 속성인 입맛을 가리킨다. 사람의 혀는 4가지 맛을 느끼는 감각기관으로, 그 위치에 따라 단맛, 짠맛, 신맛, 쓴맛을 느낀다. 그리고 그 맛들을 대뇌로 전달해 기억으로 저장한다.

그중에서도 특별히 맛있는 것은 아주 오랫동안 기억하고, 그보다 못하거나 그저 그런 것은 기억에서 지워버린다. 이러한 매커니즘을 이해한다면 우리가 맛집을 자주 들르는 것은 너무나 당연하다. 뇌 속에서 그 맛을 기억하기 때문이다. 즉 세 치 혀가 가진 놀라운 기억력이 우리를 은연중에 맛집으로 이끄는 것이다. 따라서 음식점을 하는 사람이라면 최고의 맛을 지향해야 한다.

어디 음식뿐인가. 이 세상에서 팔리는 모든 제품 역시 마찬가지다. 기본적으로 품질이 좋은 것으로 기억되느냐, 그렇지 못하느냐가 성공과 실패를 결정한다고 해도 과언이 아니다. 한 번은 눈속임으로 팔 수 있을지 모르지만, 두 번 다시 속아줄 고객은 그 어디에도 없다. 만약 기본이라고 할 수 있는 품질에서조차 제대로 인정받지 못한다면 고객 클레임으로 인해 조만간 가게 문을 닫아야 할지도 모른다.

많은 요리의 대가들이 정설처럼 하는 말이 있다. "음식 맛은 재료가 80%, 양념이 20%"라는 것이다. 심지어 내가 아는 어느 음식 전문가는 식재료가 음식 맛의 모든 것이라고 주장한다. 그만큼 식재료의 비중이 크다는 뜻이다. 이것을 부정할 식당 사장은 아마 없을 것이다.

나는 다른 어떤 것보다도 식재료를 고르고 관리하는 데 있어서 치열하다. 정직한 재료에서 최고의 맛이 나온다는 것에 나는 한 치의 의심도 없다. 그런 확신과 믿음과 철학이 있어야 가격이 비싸더라도 좋은 식재료를 선택할 수 있다. 나도 장사꾼인지라 눈앞의 이익을 생각하면 가격이 싼 것에 손이 먼저 간다. 인지상정이다. 하지만 그 욕심을 누르는 것이 있다. 맛에 대한, 품질에 대한 깐깐함이 그것이다. 그것은 다른 데서 온 것이 아니다. 내 가게와 음식에 대한 긍지와 자존심에서 나왔다.

일반적으로 해산물이나 채소, 야채, 과일 등과 같이 계절이나 시장 상황에 따라 수급에 영향을 받는 식재료들은 시시각각 가격이 달라진다. 오전과 오후, 어제와 오늘이 다른 경우도 비일비재하다. 새벽에 식재료를 구입하기 위해 시장을 나가면 저절로 한숨이 나올 때도 많다. 특히 식재료가 너무 비싸서 팔아봤자 별로 이익이 남지 않을 때 그렇다. 밑반찬이야 계절에 따라 싼 것으로 대체할 수 있지만, 본 메뉴는 그것조차 불가능하다. 그렇다고 해서 주객이 전도되어, 본 메뉴를 포기하고 밑반찬으로 승부를 볼 수는 없지 않은가. 음식에 대한 자존심을 버리는 순간 품질이 낮아지고, 품질이 낮아지면 고객들은 귀신같이 알아채고, 발길은 뜸해진다. 당신이라면 과연 어떤 선택을 하겠는가. 품질을 포기할 수 있겠는가.

적자생존, 적는 자만이 살아남는다

나는 원가관리만큼은 아주 치밀하고 꼼꼼하다. 시시각각으로 널 뛰기를 하는 온갖 식재료들을 거의 35년 동안 취급해오다 보니 이제 는 저절로 몸에 밴 습관이 되었다. 굳이 계산기를 두드리지 않아도 시장에서 식재료를 모두 구입하고 나면 원가가 음식의 몇 퍼센트인 지 대략 감이 온다. 우리 가게의 식재료 원가는 일반적으로 40~45% 를 왔다 갔다 한다. 시장 물가가 심하게 오른 경우에는 55%까지 근 접할 때도 있다. 그래도 나는 좋은 재료를 절대 포기할 수 없다.

산낙지의 경우만 하더라도 몇 년 동안 금어기를 지정할 만큼 개 체수가 줄어들고, 잡히지 않다 보니 가격이 천정부지로 올랐다. 가 격만 생각하면 식탁에 내놓기가 두려울 정도였다. 그렇다고 가격이 싼 중국산 냉동낙지를 내놓을 수는 없었다. 최소한의 양심과 〈바다 황제〉라는 자존심 때문이었다. 최고의 식재료를 포기하는 순간, 손 님들이 신뢰를 거두는 모습이 눈에 선했다. 조삼모사처럼 장사하는 사람들의 얄팍한 술수에 이미 고객들은 당할 만큼 충분히 당했다.
그래서 당신이 '아' 하면 고객들은 '어' 한다. 장사하는 사람이 좋은

하느님이 되려하지 마라. 무에서 유를 창조하는 것은 하느님의 영역이다. 신선하지 않은
재료로 맛있는 음식을 만들겠다고 하느님께 도전하지 마라.

식재료를 포기하는 순간 고객들은 발길을 돌릴 수밖에 없다.

　우리 식당은 최고의 식재료 품질을 지향한다. 이를 유지하기 위해서는 좋은 식재료를 사는 것도 중요하지만 관리하는 것도 중요하다. 그래서 우리는 '적자생존의 원칙'을 반드시 지키고 있다. 여기서 적자생존이란 다윈의 진화이론이 아니다. 적는 자만이 살아남는다는 뜻이다. 한 연구에 따르면 사람들 중에서 메모를 하지 않는 84%는 평범하게 살고, 메모하고 안 보는 13%는 그보다 2배 더 잘 살며, 메모하고 실천하는 3%는 그보다 10배 이상 잘 산다고 한다. 이처럼 적자생존은 성공과 부를 가져다 주는 기본 원칙이라고 할 수 있다.

재료의 관리는 아무리 강조해도 지나치지 않다. 유통 기한과 원산지를 꼼꼼히 챙기면 음식맛으로 진가가 드러난다.

장사의 달인은 장사하지 않는다

이것은 가게라고 해서 달라지지 않는다.

나는 이 원칙을 식재료 관리에 철저하게 활용하고 있다. 식자재가 보관된 여러 개의 냉장고 문에 원자재 구입일자와 유통기한 등을 표기해 누구라도 보고 확인하기 쉽도록 하고 있다. 또한 이를 레시피 개발과 연결해 좋은 식재료로 좋은 품질의 음식을 만드는 데에도 활용하고 있다.

요리를 하는 사람들은 신선하지 않은 재료로 맛을 내는 것이 기적에 가깝다는 것을 알고 있다. 하지만 많은 식당들이 거기에 도전하고 있다. 안타까운 일이다. 가장 맛있는 음식은 재료가 지닌 본연의 맛을 전달하는 데 있다. 음식 본연의 맛은 식재료가 신선하고 품질이 좋을 때 진가를 드러낸다.

품질의 기본은 제품의 하부구조를 관리하는 데 있다. 가령 당신이 자동차를 산다고 한 번 생각해보라. 가격이 아무리 싸고 외관이 아무리 멋진들, 문제가 있는 브레이크를 부품으로 사용했다면 그 자동차를 사서 타겠는가. 음식도 마찬가지다. 음식 본연의 맛을 살릴 수 있도록 신선한 식재료를 구입하고 관리해야 최고, 최상의 맛을 낼 수 있다.

가격 말고
가치로 팔아라

고객의 변화는 필연, 일단 받아들이자

인생의 절반가량 장사를 해오다 보니 새삼 격세지감이라는 말이 피부에 와닿는다. 지금 와서 곰곰이 생각해보니 나는 매 시기마다 고객들이 변화한다는 것을 확인하고 경험했던 것 같다. 그러한 변화에 쓰러지거나 무너지지 않고 내 나름대로 진화와 발전을 거듭해온 것을 보면 나 자신이 정말 대견하다. 스스로에게 '정말 잘 버티고 견뎌주었다'라고 격려의 말을 해주고 싶다. 창업을 한 10개 업소 중 9개가 2년 내에 망한다는 치열한 음식점 및 외식 분야에서 40여 년 가까이 버텨왔다니 그것만으로도 감사한 일이다. 치열하게 고민하고 치밀하게 생활해온 데 대한 나름의 보상이 아닐까 싶다.

우리는 지난 1970년대까지만 해도 두 가구 중 한 가구는 끼니를 거르기 일쑤였다. 나도 그 시대를 살면서 배고픔을 경험했던 사람 중 하나다. 당시 어머니가 밀가루로 수제비를 끓여 동네 사람들과 함께 나눠 먹으며 서로의 배고픔을 정으로 채웠던 기억이 난다. 아마 나처럼 나이가 쉰이 넘은 사람이라면 그 시절 기억들이 뇌리에 또렷할 것이다. 그때는 배고픔만 면할 수 있다면 무엇이든 가리지 않고 먹던 시대였다. 그 배고픔의 터널을 통과해 우리는 경제 성장으로 지금의 풍요로운 삶을 누리고 있다.

그때와 지금을 비교해보면 생활 전반이 풍요로워진 것은 분명하다. 하지만 보이지 않는 그늘도 여전히 존재한다. 이를 일반적으로 소득과 소비의 양극화라고 말한다. 상황이 이렇다 보니 최근 들어 각광받고 있는 것이 하이앤로(high&low) 마케팅이다. 가격이 아주 높든가, 아니면 박리다매로 아주 낮든가 해야지 어정쩡한 가격으로는 고객의 선택을 받기 어렵다는 것이다. 이는 곧 핵심 고객을 명확히 정하고, 그에 따른 가격 정책을 취해야 한다는 뜻이다.

그러나 박리다매에는 분명한 한계가 존재한다. 지속적으로 원가를 낮춰야 한다는 것과 물가상승 등으로 인한 가격 상승에 대한 고객의 저항을 해결해야 한다는 것 등이 그것이다. 이를 극복하기란 결코 쉬운 일이 아니다. 저가로 운영되던 그 많은 음식점들이 눈앞에서 사라지고 없어진 이유가 여기에 있다.

지금 당신이 김치찌개 전문점을 박리다매로 운영한다고 가정해 보자. 경쟁 식당이 하루에 100명을 대상으로 7,000원에 팔고 있고, 당신은 200명을 대상으로 5,000원에 판매하고 있다. 그런데 물가는 시간이 지날수록 오르게 마련이다. 따라서 김치를 만드는 배추, 무, 고추, 마늘 등 기본 식재료의 가격 상승을 견뎌야 당신 가게는 생존이 가능하다. 반면에 고객들은 5,000원에 팔던 것을 1,000원만 더 받아도 심리적으로 가격이 엄청나게 올랐다고 느껴 발길을 돌리기 일쑤다. 이러한 어려움 때문에 박리다매는 뼈를 깎는 고통과 수고로움을 동반한다. 게다가 몸은 바쁘고 힘들지만 정작 수입은 생각보다 많지 않은 악순환에 빠질 우려까지 있다.

가격 말고 가치로 승부하라

이 때문에 장사를 하거나 사업하는 사람들에게 큰 관심을 불러일으키고 있는 것이 하이앤드(high-end) 마케팅이다. 이는 일명 VIP마케팅으로도 불리는데, 부유층을 대상으로 한 마케팅을 일컫는다. 지

갑이 두둑한 사람들을 핵심 고객으로 선정한 후 그들에게 고가 제품을 판매하는 것을 뜻한다. 최근에는 유명 쉐프들의 등장으로 식당과 레스토랑에도 하이앤드 마케팅이 본격적으로 도입되고 있다. 앞으로 이러한 추세는 더욱 폭넓게 확산될 것으로 예상된다.

나도 한때 식당 매출과 이익이 정체되어 고민에 빠진 적이 있었다. 이를 극복할 방법이 도무지 머릿속에 떠오르지 않았다. 이런 경우 식당들은 일반적으로 메뉴를 대폭 늘린다. 즉, 선택의 폭을 늘려 더 많은 고객들을 유치하겠다고 생각하는 것이다. 하지만 이것이 정답일까? 정말 선택의 폭을 늘리면 많은 고객을 유치할 수 있을까?

나는 그 상황에서 전혀 다른 선택을 취했다. 나는 한참을 고민하다가 새로운 메뉴 개발에 돌입했다. 그전까지만 해도 보편적인 일식집이었던 우리 식당의 메인 메뉴는 다른 곳과 별로 차별화되지 않는 회정식과 회였다. 그렇다 보니 고객들도 다른 곳과 큰 차이를 느끼지 못하는 것 같았다. 고민에 고민을 거듭하다가 문득 머릿속에 떠오른 생각이 음식에 건강을 결합해 메뉴를 개발해보면 어떨까 하는 것이었다. 건강을 위해서라면 무엇이든 아끼지 않는 강한 욕구를 가진 게 우리나라 사람이지 않은가. 그래서 연구 끝에 매출 정체의 돌파구로 만들어낸 것이 세트 메뉴였다. 그것도 몸에 좋다는 전복해신탕 세트, 황제물회 세트, 얼큰해물탕 세트였다.

씨다고 잘 팔리는 것도 아니고 비싸다고 안 팔리는 것도 아니다. 고객에게 어떤 가치를
주느냐에 따라 가격은 매겨진다.

이 메뉴들을 객단가 개념으로 알아보면 답은 더욱 명확해진다. 정식류는 기껏해야 1인당 3만원을 넘지 못한다. 물회도 별반 차이가 없다. 더욱이 그런 메뉴들은 일식집이라면 어느 곳에서든 판매한다. 따라서 경쟁이 너무 치열하고, 경쟁력도 별로 없다.

반면 우리가 개발한 전복해신탕 세트, 황제물회 세트, 얼큰해물탕 세트는 객단가는 물론 경쟁력에서도 그러한 메뉴들을 압도한다. 기본적으로 1상당 4인 기준 16만 5천 원, 5인 기준 21만 원으로 객단가가 4만 원이 넘는다. 여기서 술이 곁들여지면 보통은 5만 원이 기본이다. 게다가 이 메뉴들은 다른 곳에서는 별로 취급도 하지 않는다. 이 얼마나 강력한 무기인가.

우리는 대개 높은 가격으로 승부하는 것을 두려워한다. 그 가격을 감당할 수 있는 사람이 많지 않아서 운영하는 게 힘들 거라고 생각하기 때문이다. 그 결과, 안전빵을 선택해 가격을 타협하고 만다. 그렇다 보니 고만고만하면서 비슷한 콘셉트의 무수히 많은 상대와 경쟁을 자초하게 된다. 식당을 운영하는 자영업자들이 스스로 공멸을 초래하는 이유는 바로 이러한 가격 전략에서 비롯된 것이다.

나는 그러한 선택 대신 다른 선택을 하라고 말하고 싶다. 굳이 블루오션 전략이라는 용어를 들먹일 필요도 없다. 간단히 말해서 1만 원짜리 4개 대신 4만 원짜리 1개를 파는 전략적 선택을 하라는 것이다. 하지만 가격만 올리는 선택은 극히 위험하다. 그 가격만큼 어떻게 가치를 제공할 것인가를 깊이 고민하고 진행해야 한다.

자기 가게만의 콘셉트를 구축하라

우리 식당은 기본적으로 '배 터트려주는 일식집'을 지향한다. 맛있으면서도 신선하고 푸짐하다는 가치로 다른 식당들과 차별화를 하고 있다. 보기만 해도 푸짐하고 예쁘게 디자인한 것으로 고객들의 눈을 사로잡고, 먹으면 건강해질 것 같은 신선한 식재료들로 그들의 마음을 사로잡고 있는 것이다. 이렇다 보니 메뉴를 식탁 위에 올려놓을 때마다 휴대폰의 카메라 플래시가 터진다.

고객층도 분명하다. 우리 가게는 부모님을 모시고 행해지는 가족 모임이나 기념일, 소개를 통해 이루어지는 맞선이나 결혼을 앞두고 진행하는 상견례, 회사에서 치르는 회식, 지역 사회나 지역 사람들의 커뮤니티 모임 등의 장소로 주로 이용되고 있다. 그런 모임은 대개 인원도 많은데다 가격에 구애를 받지 않는 편이다. 뿐만 아니라 어느 정도 일정 주기로 방문이 이루어진다. 이렇다 보니 자연스레 단골고객이 많아져서 매출도 안정적으로 이루어지고 있다.

또한 단골고객이 다른 사람에게 추천해서 입소문으로 찾아오는 경우가 많다. 마케팅을 따로 하지 않아도 꼬리에 꼬리를 물고 식당 이름이 널리 알려지고 있는 것이다. 특히 요즘에는 고객들이 사진을 찍어서 SNS에 올리다 보니 맛집으로 제법 이름을 날리는 영광까지 누리고 있다. 이 모든 결과는 식당 콘셉트를 하이앤드 전략에 맞춰 재정비하고, 고객층을 분명히 했기 때문이다.

하이앤드 전략은 궁극적으로 고객들에게 가치를 심어줘야 성공할 수 있다. 가치를 심어주지 못한다면 모래성과 같다. 낮은 가격으로 승부하는 시대는 이제 끝났다. 이제는 어떻게 고급화시키고, 어떤 가치를 제공해 고객의 발길을 붙잡을 것인지 고민해야 할 때다. 고객과 시장은 절대 기다려주지 않는다. 고객과 시장은 결국 내가 만들어가는 것이다.

고객은
절대 배신하지 않는다

고객은 정답을 준다

식당을 하면서 정말 많은 고객을 만났다. 정답고 친절하고 좋은 고객이 많았지만, 까다롭고 진상처럼 느껴져 피하고 싶은 고객도 있었다. 성향이야 어쨌든 간에 그분들 모두에게 감사하다는 말을 전하고 싶다. 나에게 인생과 장사에서 깨달음을 주었고, 결국에는 지금의 나를 있도록 해주었기 때문이다.

나는 인생이든 세상사든 좋고 나쁨이란 내가 어떻게 받아들이고, 어떻게 해석해 얻어 가느냐에 따라 달라진다고 생각한다. 나는 이 것을 나이가 들면서 깨달았다. 무려 삼십여 년 동안 장사를 하면서 치른 수업료로 얻은 교훈이라고 할 수 있다. 고객도 다르지 않다. 그들이 좋은 고객이건 진상 고객이건, 그들을 통해 얻어낼 수 있는 것은 나의 마음가짐과 자세에 달려 있다. 굳이 고객 핑계를 댈 필요가 없다.

나는 항상 '고객'이 진리라고 생각한다. 그리고 늘 그들이 옳다고 생각한다. 심지어 고객이 강짜를 부릴지라도 그것은 달라지지 않는다. 그것을 인정하는 순간 고객과의 거리는 가까워진다. 이때 중요한 것이 바로 인정이다. 고객이 불만이나 불평을 털어놓을 때에도 인정은 매우 중요하다. 고객 서비스 분야 최고의 컨설턴트이자 베스트셀러《5 Star Service》(2015)의 저자인 마이클 헤펠은 고객이 불평이나 불만을 드러내면 먼저 다음과 같이 말하라고 조언한다.

"아, 그러셨어요? 저 같아도 고객님처럼 그렇게 했을 겁니다."

그는 이렇게 인정하는 것만으로도 문제의 절반 정도는 해결할 수 있다고 주장한다. 이렇게 말하는 순간 고객이 감정적 화를 누그러뜨린다는 것이다. 사실 고객은 단지 자신이 느낀 문제를 말하고 싶었을 뿐이다. 거기에 동의하고 인정하면 고객은 이성적으로 생각하게 되고, 이성적으로 생각하면 문제를 해결하는 데 한걸음 더 나아갈 수 있다.

이 세상이 항상 반목하고 전쟁을 하는 이유도 기본적으로는 서로를 인정하지 않기 때문이다. 뇌 속의 이성보다 훨씬 더 강력한 힘을 발휘하는 것은 우리의 마음 전반을 지배하는 감성이다. 상대의 감성을 지배하는 가장 기본적인 방법은 인정하는 데에서 출발한다. 상대방이 아무리 화를 내도 먼저 인정해 버리면 아무리 어려운 문제라도 해결점을 찾을 수가 있다.

내가 아닌 고객의 관점에서 보고 생각하자

우리 식당 안에는 내가 조용히 은거하는 방이 하나 있다. 그 방은 카운터 바로 뒤에 자리하고 있다. 나만의 독립된 공간으로, 깊이 생각할 것이 있거나 새벽에 장을 보느라 너무 일찍 일어나 피곤하거나 책을 읽거나 잠시 모든 것을 내려놓고 쉬고 싶을 때면, 나는 다른 사람의 간섭을 받지 않아도 되는 그곳으로 숨곤 한다. 거기에 있으면 때로는 엄마의 뱃속에 있는 것과 같은 편안한 느낌이 든다. 아이들은 그래서 그렇게 다락방에 숨는 모양이다.

거기에 숨어 있다 보면 뜻밖의 것들을 얻거나 알아내곤 한다. 카운터 직원이 고객을 대하는 자세나 태도를 비롯하여 고객이 하는 말을 들으면서 음식을 맛있게 혹은 우리 식당에 어떠한 느낌을 가지게 되었는지 등을 알 수 있다. 이처럼 우리는 눈에 보이지 않는 것에서도 진실을 찾아낼 수가 있다. 사실 눈에 보이지 않는 것이 진실을 훨씬 제대로 나타내는 경우도 많다. 나는 그것을 카운터 뒤에 있는 나만의 은신처에서 알아채곤 한다.

'등하불명(燈下不明)'이란 말이 있다. 우리말로 '등잔 밑이 어둡다'는 뜻이다. 우리는 살아가면서 때로는 눈에 보이는 것조차도 보지 못할 때가 있다. 더러는 자신의 아집 때문에 보이는 사실과 진실조차 외면하기도 한다.

식당에서도 이런 일은 비일비재하게 일어난다. 그중에서도 가장 대표적인 것이 바로 먹고 남은 사이드 메뉴이다. 식당 사장들은 메인 메뉴에는 관심을 가지지만, 사이드 메뉴에는 별로 관심을 기울이지 않는다. 매출에만 관심이 있기 때문이다. 메인 메뉴가 많이 남을 때는 그 원인을 찾고, 고객이 다시 찾지 않을지 걱정한다. 그러나 사이드 메뉴가 남는 경우에는 어떤가. 그러려니 하거나 관심조차 보이지 않는다.

당신은 이제부터라도 사이드 메뉴를 주의 깊게 바라볼 필요가 있다. 그것을 자세히 들여다보기 시작하면 엄청난 진리를 찾을 수 있기 때문이다. 고객은 기본적으로 맛있어야 먹는다. 사이드 메뉴가 남는 것은 크게 2가지다. 너무 많이 주었거나 너무 맛이 없었거나 둘 중 하나다. 너무 많이 주었다는 것은 맛있다는 의미다. 그것을 파악하는 것은 너무 쉽다. 고객은 틀림없이 "맛있어서 그러는데 한 접시만 더 주실래요?"와 같은 말을 덧붙이며 더 달라고 요청했을 것이다.

맛이 없어서 남는 경우도 알아차리는 것은 그리 어렵지 않다. 그러나 그것을 제대로 파악하는 사람은 많지 않다. 그것을 제대로 파악했다면 고민한 후 대응했을 것이고, 그렇게 했다면 사이드 메뉴가 달라졌을 것이다. 그런데 여러분도 알다시피 어느 식당을 가든 사이드 메뉴가 달라지는 경우는 그리 많지 않다.

음식점 사장들을 만나 보면 이렇게 말하는 사람을 간간히 볼 수 있다.

"우리 식당은 정말 음식이 맛있는데, 사람들이 안 먹고 남겨요. 배가 불러서 그래. 옛날에는 없어서 못 먹었는데."

이 말에 동의하는가? 나는 절대 동의할 수 없다. 이것은 전형적인 자백, 즉 자기 중심적인 발언이지 고객 중심의 발언이 아니다. 이 말은 자기가 옳고 고객은 틀렸다고 주장하고 있다. 맛있다는 것은 객관적 사실이나 품질과 관련 있지만, 개개인의 선호도에 따라 얼마든지 달라질 수 있다. 여기서 가장 중요한 것은 고객들이 먹지 않고 남겼다는 사실이다. 개개인의 선호도가 모이면 곧 객관적 사실이자 보편적 품질이 된다. 자기 가게의 음식이 맛있다고 말한 사람은 먹지 않은 고객들을 싸잡아 비난하며 품질에 자부심을 드러내고 있다. 이런 가게가 과연 오래갈 수 있겠는가?

사람을 사라. 물건을 팔지 마라

우리 식당은 사이드 메뉴를 수시로 바꾼다. 고객들의 기호와 동향을 파악해 재정비하는 것이다. 먼저 사이드 메뉴로 나간 것 중에서 고객들이 남긴 것들은 유심히 관찰하고 체크한다. 고객들은 맛이 없어서 안 먹기도 하지만, 계절이나 시기 또는 개개인의 선호도에 따라 먹지 않기도 한다. 이것들은 굳이 빅데이터로 분석할 필요도 없다. 잔반이 나오는 것을 확인하면 바로 알아차릴 수 있다.

이러한 문제를 해결하는 가장 간단하고도 원초적인 방법이 있다. 계절별로 제철에 나는 식재료들로 사이드 메뉴를 만드는 것이다. 제철에 나는 식재료들은 가격도 싸서 경제적이기도 하다. 게다가 건강에도 좋고 맛도 좋으니, 두말하면 잔소리다. 이것을 활용하면 다양성을 확보할 수 있고, 고객들의 호응도 이끌어 낼 수 있다.

고객들은 굳이 싫다는 표현을 하지 않는다. 그들이 취하는 가장 무서운 행동은 침묵과 무표정이다. 얼굴을 찡그리거나 불평불만을 늘어놓는 고객은 차라리 감사하다. 고객은 절대 배신하지 않는다. 고객은 그저 자신의 취향과 기호에 따라 선택할 뿐이다. 정작 배신을 하는 것은 장사를 하는 사람이다. 원산지를 속이고, 이윤을 남기기 위해 안 좋은 재료를 사용하며, 고객의 기대치를 벗어난다. 그러니 고객은 떠날 수밖에 없다.

나는 고객을 배신하지 않으려면 세 가지를 죽여야 한다고 말한다. 이것은 내가 만들어낸 것이 아니라 양평에 있는 몽실식당 김동운 대표의 말이다. 그가 말한 것처럼 다음의 세 가지를 죽이면 누구라도 100% 성공할 수 있다.

첫째, 나를 죽인다. 사람은 누구나 유혹에 약하다. 그런데 정작 세상은 유혹 투성이다. 성공한 모든 사람들은 한 가지 분야를 정하고, 거기에만 몰두했다. 그러니 당신도 모든 것을 접고 장사에만 올인하라.

둘째. 욕심을 죽인다. 사람은 자기에게 이익이 되는 것을 선택하게 마련이다. 하지만 그렇게 한다면 우물 안 개구리가 하는 작은 장사에 지나지 않을 뿐이다. 고객은 거울이다. 고객의 이익에만 집중하라. 그러면 당신에게 이익으로 돌아올 것이다.

셋째, 교만을 죽인다. 개구리가 올챙이 적 생각 못 한다고 했던가.

장사가 어느 정도 궤도에 올라가면 사람들은 목이 뻣뻣해진다. 초심을 잃고, 중심을 잃고, 진심을 잃는다. 당신은 이 세 가지 마음을 견지한 채 끝까지 고객들을 우러러보며 살아야 한다. 그들 덕에 먹고살기 때문이다. 그러면 당신은 자기 인생의 주인으로 살 수 있다.

장사를 할 때는 항상 고객이 옳다는 믿음을 가져야 한다. 그래야 그들의 행동 하나하나를 관찰하고 분석해 그들을 사로잡는 방법을 찾을 수가 있다. 정작 그들을 부정하면서 그들에게 제대로 된 정보를 얻고, 제대로 된 서비스를 제공할 수 있겠는가? 그런 당신과 가게는 생존할 수 있겠는가? 차라리 눈을 질끈 감고 고객을 신이라고 믿어라. 그런 굳건한 믿음과 신뢰를 가진다면 고객들은 당신에게 대박이라는 축복을 내릴 것이다.

다양한 경험에서
답을 구하라

보고 익힌 것에서 새로움을 창조하라

당신은 무에서 유를 창조할 수 있다고 믿는가? 종교를 믿는 사람들은 그런 존재란 신밖에 없다고 말한다. 그만큼 무에서 유를 만들어내기가 어렵다는 의미일 것이다. 우리가 아는 지식들은 거의 대부분이 과거로부터 내려온 지식을 활용해 얻어낸 것들이다. 그 때문일까. 심지어 우리가 찾아낸 새로운 지식은 없다고까지 말하는 학자들도 있다.

그렇다고 해서 마냥 손을 놓고 있어서는 안 된다. 움직이지 않는 것은 죽은 것이고, 움직이지 않는 가게는 망할 수밖에 없기 때문이다. 무에서 유를 창조하는 것이 신의 영역이라면 유에서 유를 창조하는 것은 인간의 영역일 수 있다. 세상을 살아가는 데에 무에서 유를 창조할 만큼의 지식을 요구하는 경우는 거의 없다. 유에서 유를 창조하는 지식만 제대로 갖추고 있어도 살아가는 데는 충분하다.

장사도 마찬가지다. 무에서 유를 창조할 정도까지의 지식은 필요 없다. 단지 누군가가 만들어놓은 것을 적절히 활용해서 새로운 것을 만들거나 자기화시키면 된다. 가령 당신이 새로운 메뉴를 만들기 위해 새로운 레시피를 개발한다고 가정해보자. 지금까지 없던 정말 새로운 메뉴를 과연 개발할 수 있겠는가? 그렇다면 당신은 어떻게 해야 가장 빨리, 가장 맛있는 메뉴를 개발할 수 있을까?

이름이 널리 알려진 유명한 셰프들은 대개 자기만의 메뉴와 레시피를 개발해 활용하고 있다. 그중에는 유명한 호텔 주방장을 비롯한 명인에게 배워서 레시피를 개발한 사람도 있고, 요리학원이나 요리학교에서 배워 개발한 사람도 있으며, 독학으로 개발한 사람도 있다. 이렇게 많은 사람들이 메뉴와 레시피를 만들기 위해 노력했고, 지금도 노력하고 있다. 그래서 지금 맛보는 아니면 미래에 맛볼 맛있는 음식이 존재하는 것이다.

하지만 같은 메뉴, 거의 똑같은 재료로 만들어도 개발한 사람에 따라 맛은 천차만별이다. 어떤 사람은 단맛, 어떤 사람은 매운 맛 등

저마다 맛의 포인트가 다르고, 같은 재료를 활용해도 식감은 백인백색이다. 요리과정을 지켜보고 나서 맛을 보노라면 나는 어쩌면 이렇게 제각각으로 다른지 그저 신기할 뿐이다.

나는 음식을 맛볼 때마다 거기에 들어간 재료를 상상하고 맞추는데 재미를 느낀다. 맛집 탐방을 하면서 은연중에 생긴 버릇이다. 그때문에 재료들이 지닌 특성들을 파악해 레시피를 개발하는 데 큰 도움을 받았다. 이처럼 새로운 것은 과거의 지식이나 경험의 연속성에서 만들어진다. 학습과 경험의 중요성이 바로 여기에 있다.

그냥 얻어지는 것은 아무것도 없다

알면 보인다는 말이 있다. 나의 레시피 개발법은 바로 여기서 시작되었다. 맛집에서 얻어낸 재료들의 특성이나 사용법을 새로운 메뉴 개발에 활용한 것이다. 나는 한때 최고 경지의 맛이 있다고 믿은 적이 있었다. 절대미각(絕對味覺)의 세계가 존재한다고 생각한 것이다. 마치 영화배우 이소룡과 성룡이 나오는 홍콩 영화나 무림고수들이 등장하는 무협지에서 주인공들이 도달하기 위해 도전하는 절대무공과 같은 최고의 경지 말이다. 거기에 등장하는 주인공들은 대개 절대무공의 경지에 오르기 위해 전국의 문파 사범들에게 도전하는 '도장깨기' 과정을 거쳤다.

그것에 영감을 얻었던 것일까? 나도 그들처럼 도전하는 마음으로 매주 월요일마다 가게 문을 닫고 전국 방방곡곡으로 맛집 여행을 떠났다. 영화 속 주인공들의 '도장깨기'에 비할 바는 아니겠지만, 내 나름대로는 맛집들이 가진 최고의 비법들을 체득하기 위해서였다. 나는 떠나기 전날부터 뛰는 심장을 다독이고 잠자리를 뒤척이며 다음 날을 손꼽아 기다렸다. 새로운 것을 보고 배우는 것을 들뜬 마음으로 학수고대했던 것이다. 그것이 나를 절대무공의 경지로 이끌어 줄 거라는 큰 희망을 가지고 말이다.

그렇게 몇 년간 전국의 맛집을 탐방하면서 깨달은 것이 있다. 그냥 얻어지는 것은 없다는 것이었다. 그들은 모두 수많은 시행착오를 거쳐 지금의 완성된 메뉴와 레시피를 개발한 사람들이었다. 그리고 어떤 집은 맛을 계속 유지하기 위해, 어떤 집은 새로운 메뉴를 개발하기 위해 예나 지금이나 끊임없이 새로운 시도를 하고 있었다. 정작 알고 보니 그러한 신념과 행동이 그들을 모두 자기 분야에서 최고의 경지에 오르게 했던 비결이었다.

실제로 나는 맛집 탐방을 통해 배운 것을 우리 식당에 많이 활용하고 차용했다. 대표적으로 물회만 해도 그렇다. 여름철 장사가 어려운 횟집에서 매출의 구원투수로 개발한 메뉴가 바로 물회였다. 나는 이 메뉴와 레시피를 개발하기 위해서 바닷가 근처에 있는 전국의 물회집을 150여 군데나 방문했다. 아마 물회를 사먹고, 레시피를 개발하는 데 든 돈만 해도 3,000만 원은 족히 될 것이다.

해신탕은 또 어떤가. '여름에 먹는 보약 같은 음식은 없을까?'를 고민하다가 해신탕이라는 메뉴를 생각해냈다. 해신탕의 레시피를 개발하기 위해 나는 여름 내내 경기도와 인천에서 살다시피 했다. 그 비싼 해신탕을 도대체 몇 그릇이나 사먹었는지 모른다. 먹으면서도 거기 들어간 원재료들을 파악하느라 머리를 싸맸던 기억이 난다. 그 결과, 나는 각종 한약재를 넣어 7시간가량 끓이고, 각종 해산물을 곁들여 바다의 신이 먹었다던 해신탕을 개발할 수 있었다.

맛집 여행으로 메뉴나 레시피에 대한 아이디어만 얻는 것은 아니다. 나는 맛집들을 방문해 음식 맛은 물론 가게의 외관이나 인테리어, 서비스 등도 눈여겨본다. 가게마다 나름의 콘셉트와 전략 등을 파악하는 것이다. 이를 통해 새로운 통찰을 얻는다. 이것들이야말로 장사에 대한 감각을 일깨우고, 살찌우며, 발전시킨 원동력 중의 하나라고 나는 생각한다. 물론 나는 그것을 얻기 위해 엄청나게 많은 시간과 돈과 노력을 투자했다. 인생이든 장사든 쉽게 얻어지는 것은 없다. 많은 공을 들이고 투자를 해야 비로소 뭔가를 얻을 수 있다.

일상의 습관과 타성에서 벗어나라

우리는 새로운 시도, 다양한 시도를 두려워한다. 하지만 경험은 돈을 주고도 절대 살 수 없는 소중한 자산이다. 타성이라는 말이 있다. '오래되어 굳어진 좋지 않은 버릇. 또는 오랫동안 변화나 새로움을 꾀하지 않아 나태하게 굳어진 습성'을 뜻하며, 일상에서 변화를 꾀하지 않을 때 주로 사용하는 단어다. 타성에 빠지면 변화를 모르고 머릿속은 텅 비어 의미 없는 행동이나 행위를 반복하게 된다. 하지만 여기서 벗어나는 방법이 있다. 여행이나 새로운 시도를 해보는 것이다. 내가 전국의 맛집 탐방에 나선 것도 이 때문이다.

장사를 하는 사람은 하루가 매우 단조로울 수 있다. 자고 일어나는 시간만 다를 뿐 일상이 다람쥐 쳇바퀴일 수 있다. 일어나서 씻고, 장을 본 후 가게문을 열고 손님을 맞고 청소하고 집에 가서 쓰러지고, 다음날 일어나면 다시 어제가 반복되는 그런 삶 말이다. 그리고 쉬는 날이면 꼼짝도 하기 싫어 침대나 소파에서 늘어진 하루를 보내다가 다시 일상으로 돌아와 다람쥐 쳇바퀴를 돈다. 그런 생활을 계속하다 보면 무엇이 잘못되고, 어디가 문제인지 파악하기가 쉽지 않다. 개선의 여지가 전혀 생기지 않고 찾을 수 없는 것이다.

'세렌디피티'라는 것이 있다. 정말 우연히 큰 발견이나 커다란 발명이 이루어지는 것을 뜻하는 단어다. 특히 과학이나 연구 분야에서 실험 도중에 실패한 결과에서 중대한 발견이나 발명을 하는 것을 가리킨다. 세렌디피티, 즉 우연히 발견이나 발명을 하기 위해서는 전제조건이 있다. 그러한 우연이 발생할 수 있을 만큼 많은 시도가 이루어져야 한다는 것이다.

인디언의 기우제를 생각해보라. 인디언들은 비가 올 때까지 기우제를 지내기 때문에 그것이 효과가 있다고 믿는 것이다. 당신은 어떤가? 자신을 오롯이 변화에 맡길 만큼 도전적인가? 세렌디피티가 일어날 만큼 자주 도전하고 있는가? 그렇지 않다면 최고의 맛집이라도 한 번 찾아가보라. 그리고 당신 가게의 맛이나 서비스와 비교해보라. 거기서 벤치마킹할 수 있거나 적용해 볼 수 있는 것들로는 무엇이 있는지 생각해보라. 그것만으로도 당신은 최소한 자신의 고정관념은 깰 수 있을 것이다. 물론 그것은 앞으로 나아가기 위한 시작에 불과하다.

고객의
오감을 사로잡아라

오감을 자극하는 퍼포먼스의 시대

잇몸약인 인사돌 광고를 본 적이 있는가. 그 광고에는 귀에 익숙한 '씹고 뜯고 맛보고 즐기고'라는 카피가 나온다. 들을 때마다 참 잘 지은 카피라고 생각한다. 음식을 먹을 때 느끼는 감각을 오롯이 말로 표현함으로써 머릿속에 기억하기 쉽게 해주기 때문이다. 이가 아프다고 한 번 생각해보라. 이 카피가 저절로 떠오르지 않겠는가?

요즘 장사하는 사람들을 만나면 고객들이 만족을 전혀 모른다고 말한다. 음식 맛 하나로 그들을 만족시키기가 여간 어려운 게 아니라며 고개를 젓는다. 고객들이 과거에 비해 상당히 까다로워졌고,

그들을 유치하거나 차지하기 위한 경쟁도 날로 심화되고 있는 것은 분명하다. 하지만 선택은 고객의 몫이고, 그 선택을 받으려고 노력하는 것은 장사를 하는 사람의 몫이다. 고객을 탓한다고 해서 달라질 것은 없다. 그런 현상을 깨끗이 인정하고, 고객을 인정하며, 그들을 사로잡기 위해 노력하는 편이 스스로에게 훨씬 이롭다.

최근에는 식당들도 다양한 콘셉트로 고객들을 유혹하고 있다. 그중에서도 퍼포먼스, 즉 공연 활동을 기반으로 한 것들이 대표적이다. 퍼포먼스가 본격적으로 식당문화로 편입된 것은 외국계 패밀리 레스토랑이 국내에 상륙하면서부터다. 초기에 외국계 패밀리레스토랑은 생일이나 기념일에 축가나 축하행사와 함께 사진을 찍어주면서 가격을 할인해주거나 상품을 제공했다.

그러던 것에서 진화해 이제는 퍼포먼스가 일상인 곳들도 많아졌다. 심지어는 하루 동안 쌓인 사람들의 스트레스를 해소해주기 위해 소음에 가까울 정도로 시끄러운 매장 분위기를 연출하는 곳까지 등장했다. 그곳에서 주문을 하려면 크게 소리를 질러야 하고, 직원들도 소리를 고래고래 질러 화답한다. 시도 때도 없이 직원이나 손님들이 큰 소리로 건배를 외치거나 화답해 그야말로 소음 천국이라고 해도 과언이 아니다.

어디 그뿐인가. 암흑카페나 호러카페 등을 비롯해 그야말로 각양각색의 퍼포먼스를 하는 음식점까지 생겨났다. 그곳들은 고객들에게 새로운 경험을 제공하는 것은 물론 그 경험을 통해 재미를 선사하는 것을 콘셉트로 하고 있다. 이처럼 음식점들의 퍼포먼스는 점점 다양해지고 분화되어 우리에게는 일상처럼 다가올 것이다.

그렇다면 그곳들은 왜 퍼포먼스를 하는 것일까? 거기에는 나름의 이유가 있다. 사람은 이성보다 감성의 영향을 많이 받고, 그런 경험을 더 오래 기억한다. 결국 퍼포먼스에는 고객이 다시 찾도록 차별화된 경험을 제공하겠다는 의도가 깔려 있다. 오감을 자극해 고객의 기억 속에 자신의 식당을 뿌리 깊게 심어놓으려는 것이다.

오감을 사로잡는 데에도 방법이 있다

그렇다면 고객의 오감을 자극하려면 어떻게 해야 할까? 식당의 경우에 미각은 음식 맛이 좌우하므로 여기는 다루지 않고, 나머지 4가지만 다루겠다. 기본적으로는 다음과 같은 활동이 필요하다.

🔍 시각 : 기본적으로는 음식과 인테리어에 예술을 결합한다. 최근에는 푸드 스타일리스트라는 직업까지 생겨날 정도로 음식은

이제 먹는 것을 넘어 보이는 것까지 신경 써야 하는 시대가 되었다. 보기 좋은 떡이 먹기도 좋다는 말은 절대 허튼소리가 아니다. 어디 그뿐인가. 내부 인테리어도 이제는 음식점의 콘셉트에 따라 디자인하는 것이 더욱 중요해졌다. 특히 SNS의 발달과 영향력의 확대로 이러한 시각적인 부분들은 더욱 신경을 써야 할 중점사항이 되고 있다. 음식을 먹기 전에 사진을 찍어 SNS로 친구와 공유하거나 자신이 지금 어디에 와 있다고 널리 알리는 것이 곧 마케팅으로 연결되기 때문이다.

고객의 오감을 자극하는 방법은 여러 가지가 있다. 제품을 팔기보다 감성을 파는 시대다. 당신은 어떤 감성을 팔 것인가?

📍 청각 : 사람의 귀는 매우 예민하다. 우리는 소리를 통해 정보를 전달하는 것은 물론 분위기를 유도하거나 은연중에 지배할 수도 있다. 백화점을 갔을 때를 떠올려보라. 시시각각 음악으로 고객들의 소비를 유도하지 않던가. 따라서 콘셉트와 분위기에 맞는 적절한 음악과 소리로 고객의 청각을 자극하는 것은 매우 중요하다. 여기에는 매장의 소리뿐 아니라 직원들의 목소리도 포함된다. 귀에 거슬리지 않는 소리와 음악, 그리고 직원들이 밝고 활기찬 목소리로 고객을 응대할 수 있도록 해야 할 것이다.

📍 후각 : 빵집을 지나다 구수한 냄새에 끌려 들어가 본 적이 있는가. 이처럼 고객의 후각을 자극하는 것도 상품을 판매하는 데 매우 중요하다. 특히 식당의 경우에는 후각이 매우 큰 영향을 미친다. 가령 매장 내에 퀴퀴한 냄새가 난다고 생각해보라. 그런 식당을 고객들이, 청결하고 위생적이며 음식이 맛있을 거라고 생각하겠는가. 또한 너무 강한 향은 음식이 지닌 본연의 냄새를 죽일 수 있다. 따라서 적절한 환기와 청소와 퍼퓸 등을 통해 고객이 맡게 될 냄새를 조절해야 할 것이다.

● **촉각** : 우리나라는 4계절이 분명한 나라다. 그중에서도 여름과 겨울은 분명한 대조를 이룬다. 이런 경우에는 좀 더 세심한 주의가 요구된다. 특히 촉각적인 부분에서 여름에는 시원한 느낌을, 겨울에는 따스한 느낌을 주는 것이 좋다. 냅킨, 물, 실내 온도 등 사소하지만 놓치기 쉬운 것들이 대개 촉각과 관련이 높다. 이런 자그마한 것들까지 신경 쓰고 관리한다면 고객은 매장이 특별하다고 머릿속에 기억할 것이며, 외면하지 않고 다시 찾아올 것이다.

절대
장사꾼은 되지 마라

장사, 부끄러워하지 마라

내가 학교를 다니던 때에는 학기 초만 되면 가정환경 조사서를 작성해서 제출해야 했다. 학교에서 가정환경 조사서를 받아서 집으로 가져가면 부모님들이 앞에 두고 쓰기를 망설이던 모습이 기억에 생생하다. 특히 학력과 직업란에서 그분들의 손은 한참을 멈춰 있었다.

그 당시만 해도 국가 전체적으로 경제가 매우 어려운 시절이라 거의 모든 국민이 가난했다. 게다가 어른들은 못 배우고, 직업조차 변변치 않았다. 그래서 가정환경 조사서를 자식에게서 받아들면 그 앞에서 떳떳이 쓸 수 있는 부모가 그리 많지 않았다. 심지어 학교 근처에서 문방구를 하시던 우리 부모님조차도 직업란에 '장사'라고 쓰는 것을 머뭇머뭇하셨을 정도였다.

당신이라면 지금 어떻게 쓰겠는가? 만약 아이가 가정환경 조사서를 받아온다면 직업란에 뭐라고 쓰겠는가? 직업란에 '장사'라고 쓰는 것을 주저하겠는가?

1장에서 직업에 대한 소명의식을 언급했다. 직업에는 귀천이 없다고들 한다. 하지만 이 말이야말로 오히려 우리 사회가 직업에 귀천이 있다고 여기는 반증이다. 소명의식은 자존감과 밀접한 관련이 있다. 자존감이 없는 사람은 자신이 하는 일을 창피해하고 부끄러워한다. 그 일을 잘할 수 없는 것은 너무나도 당연하다. 무슨 일을 하든 성공에 있어서 가장 바탕이 되는 것이 바로 자존감이기 때문이다.

그럼에도 불구하고 유교의 '사-농-공-상'이라는 조선시대의 직업적 신분 구조가 여전히 우리 사회와 사람들의 심리를 지배하고 있다. 직업에 대한 편견이 줄어들고, '장사'를 바라보는 사회적 시선이 달라졌음에도 이러한 현상이 아직도 존재한다. 철저한 신분제 사회인 조선시대에서 장사에 해당하는 '상'은 직업적 신분 구조에서 제대로 된 대접을 받지 못하고 업신여김을 받았다. 농사천하지대본(農事天下之大本)이라는 정책과 땀을 흘리지 않고 세 치 혀로 사람들을 속여서 먹고산다는 세간의 부정적인 인식 때문이었다. 이렇다 보니 정작 조선사회는 상업이 발달하지 못해 근대사회로 나아가지 못했고, 결국에는 20세기 초에 일본의 식민지로 전락하고 말았다.

자본주의 세상에서 이율배반적이게도, 장사가 경제를 살리고 국가를 움직이는 기틀이라는 믿음이 아직도 제대로 정착되지 않고 있다. 이러한 상황을 변화시키려면 장사를 하는 우리 스스로가 먼저 바뀌어야 한다. 자신의 직업에 대한 자부심을 가지고 이를 부끄러워하지 않는 당당함이 필요하다.

나는 장사하는 사람들이 컨설팅이나 도움을 요청하면 먼저 자부심과 자존감부터 가지라고 말한다. 사람의 육체는 정신이 지배한다. 정신이 병들었는데 육체가 건강할 리 없다. 우리는 자신이 얼마나 소중하고 귀한 존재인지, 자신이 하는 일이 얼마나 고귀하고 의미 있는 것인지 깨달아야 한다. 당신이 지금 하는 일이 기계적, 의무적으로 하는 것이라면 그 얼마나 비참한 일인가. 아무리 맛있는 짜장면도 삼시세끼면 질린다는데, 마지못해 하는 일이라면 마음속에서 흥이 날 리 없다. 또한 돈을 내고 그런 사람들에게 서비스를 받는 고객은 무슨 죄란 말인가.

큰 장사, 긴 장사를 머릿속에 그리자

나는 자부심을 가지라고 하면서도 역설적으로 절대 장사하지 말고 장사꾼은 되지 말라고 조언한다. 이 말을 들으면 사람들은 처음에 의아해한다. 장사하는 사람에게 장사하지 말고 장사꾼이 되지 말라니, 이해가 되는가? 더욱이 장사하는 사람으로서 자부심을 가지라고 말해놓고 말이다. 어떤 사람들은 서로 모순이 아니냐며 따지듯이 되묻기도 한다.

여기서 장사하지 말고 장사꾼이 되지 말라는 것은 가게를 접으라는 뜻이 아니다. 이 말은 사실 깊은 속내를 담고 있다. 이를 이해하기 위해서는 먼저 장사의 의미를 알아볼 필요가 있다. 사전적 정의에 따르면, 장사는 '이익을 얻으려고 물건을 사서 팖, 또는 그런 일'을 뜻한다. 내가 장사하지 말고 장사꾼이 되지 말라고 말한 것은 바로 이러한 사전적 의미를 따르지 말라는 것이다.

사람들이 장사를 하는 이유는 기본적으로 이익을 얻기 위해서다. 이것을 욕하거나 폄하할 생각은 전혀 없다. 그래서도 안 된다. 하지만 이것만 추구한다면 절대 장사를 오래 할 수 없다. 장사는 한때의 이익만을 보고 하는 게 아니다. 그래서는 절대 안 된다. 큰 장사, 긴 장사를 해야 한다. 그러기 위해서는 사전적 의미의 장사와 장사꾼에서 탈피해야 한다.

당신은 거상으로 널리 알려진 제주의 김만덕이나 경주 최부자 집 이야기를 들어보았을 것이다. 이들은 TV에도 자주 소개될 만 큼 조선시대 후반에 많은 돈을 벌었던 거부이자 거상이었다. 과 연 그것만으로 그들의 이름이 백 년 넘은 지금까지 전해질 수 있 었을까? 그들은 많은 돈을 벌었지만, 다른 이들과 나눌 줄도 아는 사람들이었기 때문에 오랜 세월이 지났어도 기억될 수 있었던 것 이다.

최근 들어 우리는 경제를 생태계에 비유해 말한다. 대기업이나 프 랜차이즈 본사의 갑질 논란이 일 때마다 경제 생태계라는 용어가 사 용되고 있다. 경제 생태계에는 다양한 주체들이 존재한다. 생산자 부터 유통업자와 소비자에 이르기까지 그 층도 다양하다. 김만덕 이나 경주 최부자집은 이미 100여 년 전에 경제 생태계를 이해하고, 나름대로 유지·발전시키려고 애쓴 사람들이었다. 그들을 단지 거 부라고 하지 않고 거상이라고 칭하는 이유도 여기에 있다. 생태계 라고 하니 대기업이나 부자들만 포함된다고 생각하면 큰 오산이다. 당신도 생태계의 일원이고, 이를 조성하는 데 기여할 수 있다. 단, 자신의 생각을 바꾸고 행동만 바꾸면 된다.

혼자가 아닌 우리를 생각하라

나는 대전에서도 구舊 상권이라고 할 수 있는 대흥동에서 장사를 하고 있다. 한때 대흥동은 주변에 있던 관공서와 기업들이 신도시인 둔산 지역으로 대거 이전하면서 큰 어려움을 겪었다. 그로 인해 상권 자체가 무너지면서 작은 점포들이 즐비했던 지하상가는 물론 그곳과 연결되어 있던 이곳 대흥동 골목상권까지 전체적으로 불황의 늪에 빠졌다.

주식을 하는 사람들은 알 것이다. 하락장에서는 종목에 상관없이 주식에 투자한 사람들 대부분이 손실을 보고, 대세장에서는 종목에 상관없이 투자한 사람들 대부분이 수익을 얻는다. 상권도 마찬가지다. 상권 자체가 활성화되면 개별 점포들은 자연스레 후광을 입어 장사가 잘 되고, 상권 자체가 침체되면 개별 점포들은 자연스레 어두운 그늘에 놓이게 된다.

대흥동은 후자에 속했다. 대부분의 상인들은 장사가 안 된다고 아우성을 치며 현재와 미래를 걱정하고 두려워했다. 그러나 위기는 기회를 동반한다고 했던가. 이럴 때는 결단력 있게 움직여야 살아남을 수 있다. 이때 대흥동 상인회 사람들은 똘똘 뭉쳐 돌파구를 찾기 시작했다. 그중 하나가 SNS였다. 상인들은 자신의 가게를 홍보하는 대신 옆 가게를 홍보하는 데 열중했다. 자신을 위해서가 아니라 서로를 돕기 시작한 것이다.

어느 이론에 따르면 100명만 모이면 세상을 바꿀 수 있다고 한다. 그 말이 가능하다는 것을 나는 그때 알았다. 십시일반으로 모두가 자신의 옆 가게를 서로 홍보해주기 시작하자 기울어가던 상권에 사람들의 발길이 하나둘 다시 늘기 시작했다. 이것이 일정 기간 지속되자 상권이 점차 되살아나기 시작했다. 이 경험은 이곳 상인들의 생각을 크게 바꿔놓았다. 혼자가 아닌 우리, 개인이 아닌 공동체 분위기가 서로를 다독이고 힘을 주며 기댈 수 있는 버팀목이 될 수 있다는 것을. 그리고 상권을 살려내 모두가 더 잘 살 수 있다는 것을.

장사를 하다 보면 사람들은 옆 가게와 경쟁을 해야 한다고 생각하기 쉽다. 심한 경우에는 옆 가게의 매출에 관심을 기울이고 눈독을 들이면서 가상의 경쟁상대로 여기기도 한다. 하지만 고객 입장에서 생각해보라. 어제 삼겹살을 먹었다면 오늘은 해산물을 먹고 싶은 게 사람이다. 1차에서 고깃집을 들렀다면 2차에는 맥주집이나 막걸리집을 들르고 싶은 게 사람이다. 즉 옆 가게 덕에 손님이 내 가게를 찾을 수 있는 것이다. 장사는 제로섬의 경쟁이라기보다는 플러스섬을 가져오는 보완재에 가깝다. 상권의 활성화, 옆 가게가 잘 되는 것이 오히려 나에게 도움이 된다.

실제로 나는 대흥동의 상권이 살아나면서 우리 가게도 살아나는 기적을 경험했다. 이 경험은 이곳 상인들을 더욱 끈끈한 이웃사촌으로 만들어주는 계기가 되었다. 집보다 더 오랜 시간 동안 머무는 가게를 통해서 이곳 상인들은 서로 가족과 같은 이웃사촌이 되었다. 지금도 이곳 대흥동 상인들은 서로 옆 가게를 홍보하고 팔아주기 위해 노력한다. 때로는 넌지시 들러서 어깨도 주물러주고 서로를 다독이면서 장사를 하는 재미를 나누고 있다. 이순신 장군의 말씀을 나는 이렇게 바꾸어 전하고 싶다.

"혼자 살려는 자 죽을 것이요, 함께 살려는 자 살 것이다."

혼자 장사를 하는 시대는 이제 지났다. 골목상권이 무너지고 어렵다고 말하지만, 정작 그곳 주인인 상인들이 각자도생한다면 배는 산으로 갈 수밖에 없다. 함께 거센 파도를 헤쳐나가기 위해서는 먼저 한 몸이 되어야 한다. 그래야 잡아먹을 듯 달려드는 파도를 뛰어넘어 신대륙을 발견할 수 있을 것이다.

나누면 오히려 커진다

최근 세상이 각박해졌다고 말한다. 고독사하는 사람들의 죽음을

나누면 커지고, 커지면 세상을 바꿀 수 있다. 아이스크림으로 세상을 조금이나마 밝게 바꾸는 데 <비다황제>도 동참하고 있다.

3장. 맛을 넘어 가치로 승부하라

언론에서 접하노라면 우리 사회가 개인주의의 극단에 빠졌다는 생각이 든다. 더욱 나은 그리고 발전된 사회는 주변 사람과 함께 나누고, 따뜻함을 전하는 사회여야 가능하다. 이런 사회를 위해서는 장사를 하는 사람들이 팔을 걷고 나설 필요가 있다. 혼자서 실행하기 어렵다면 방법을 강구하면 된다.

우리 가게는 음식을 먹은 사람에게는 후식으로 아이스크림을 제공하고 있다. 음식을 먹은 사람만 먹을 수 있는 것이 아니라 길을 지나가는 사람도 먹을 수 있다. 단, 먹을 때 300원씩을 내야 한다. 이렇게 자유롭게 먹고 나서 낸 돈을 모아 우리는 주기적으로 한밭장애인자립생활센터나 다문화대안학교 등에 기부를 하고 있다.

또한 주기별로 지역 노인들이나 어려운 분들을 초청해 무료로 음식도 제공하고 있다. 그런 분들에게 이렇게 음식을 제공하는 것은 음식 자체를 넘어 자존감을 세워 주는 일이기도 하다. 나이를 먹거나 힘들게 살아도 사회에서 대접받고 있고, 누군가의 관심과 사랑을 받는다는 것을 느낄 수 있기 때문이다.

나는 장사를, 내가 먹고살기 위한 호구지책(糊口之策)이자 사회를 밝히고 따뜻하게 만드는 도구라고 생각한다. 이런 마음을 음식에 담는다. 이는 내가 누군가에게 무언가를 주는 행위를 넘어서 나를 다스리고, 수련하는 방법이기도 하다. 초심을 벼리는 작업인 것이다. 그것이 오히려 좋은 소리를 듣고 가게까지 흥하게 하는 비결이 되고 있으니 참으로 아이러니한 일이 아닐 수 없다.

4장
/

끄벅만족이
궁극적인 답이다

고객만족이 궁극적인 답이다

최종 목적지를
고객만족으로 찍자

궁극적인 목표를 어디에 둘 것인가?

　나는 사람들을 만날 때마다 〈바다황제〉의 네비게이션 목적지가 고객만족이라고 주저하지 않고 말한다. 그러면 사람들은 고개를 갸우뚱거린다. 심지어 새로 입사한 직원들까지도 초롱초롱한 눈망울에 의구심을 드러낸다. 그래서야 어디 제대로 장사를 할 수 있겠느냐, 내 월급을 제대로 줄 수 있겠느냐고 생각하는 것 같다. 고객에 대한 믿음과 상호 신뢰보다는 우선 나부터 살고 보아야 한다는 의식이 깔려 있다는 표현을 하고 있는 것이다. 이것이야 사람이라면 당연히 지니고 있는 인지상정이니 뭐라 탓할 필요는 없다.

한편으로 장사하는 사람의 목적지는 매출과 이익이지 않느냐며 따지듯이 묻는 사람도 있다. 나도 장사꾼이다. 그렇게 입에서 단내가 나도록 일하면서 밑지고 장사할 수는 없는 일이다. 시장에 가서 식재료를 사본 사람은 알 것이다. 거기서 장사하고 있는 분들에게 한웅큼만 더 달라고 하면 "100원 남는데 그거 주면 나는 밑져"라고 말한다. 그렇게 죽는 소리를 하면서도 그들은 슬그머니 한웅큼을 집어들어 장바구니에 넣어 준다. 그들이 정말 밑진다면 어떻게 한 웅큼을 집어넣어 주겠는가.

목적지를 찍는 순간 가는 길이 달라진다

최근 티맵이나 카카오네비 등과 같은 네이게이션 어플의 등장으로 차량 운전자들은 도로 구간에 대한 정확한 예측이 가능해졌다. 목적지까지의 개략적인 시간 파악은 물론 정체 구간을 피해 목적지까지 더 빨리 갈 수 있는 세상이 열린 것이다. 어디 그뿐인가. 길 위에서 꼬리에 꼬리를 물고 이어지는 차량 행렬로 인한 쓸데없는 에너지 낭비에서 벗어나 좀 더 효율적으로 에너지를 소비하는 것까지 가능해졌다.

이것은 21세기 디지털화, 즉 빅데이터가 가져다준 새로운 풍경이라고 할 수 있다. 하지만 정작 우리는 목적지까지 가는 빠른 길은 알아도 지나가는 곳의 특산품은 무엇이고, 그곳에서 사는 사람들은 어떻게 살아가는지 모른다. 빨리 가는 것의 한계이자 단점이라고 할 수 있다. 세상 모든 것에는 일장일단이 있다. 하나를 얻으면 하나를 잃는다. 두 가지 모두를 얻으려는 것은 어쩌면 인간이 지닌 욕심, 욕망에 불과한지도 모른다.

'모로 가도 서울만 가면 된다'는 속담이 있다. 이 말은 결과론적인 것을 강조할 때 사용된다. 일반적으로 목적지에 도달하기까지의 과정은 그리 중요하지 않으므로 무시해도 되고, 결과적으로 목적지에만 도달하면 된다는 의미로 사용된다. 이 말은 우리나라 사람들의 목적의식적인 성향을 대표하는 표현으로 인식되고 있다.

이 때문일까? 최근 들어 우리는 오히려 목적지, 즉 결과에 대해 상당한 거부감을 드러내고 있다. 결과를 너무나도 과도하게 중요시한 반대급부라 할 수 있다. 물론 현실 상황에서는 어쩔 수 없이 결과를 선택할지 모르지만 내심 그에 대한 강한 반발이나 거부감이 내부에 도사리고 있는 것은 분명하다.

네비게이션 목적지로 고객만족을 찍자

　외국인들에게 한국인들을 상징하는 대표적인 표현으로 '빨리 빨리'가 있다. 이 말도 '모로 가도 서울만 가면 된다'는 속담처럼 과정에 큰 의미를 두지 않고 있다. 그 반성으로 우리는 결과에 대한 거부감을 가지고 있는 것 같다. 그것이 과연 옳은 일일까?

　결과의 중요성은 사실 아무리 강조해도 지나치지 않다. 결과는 단순히 목적지만을 규정하는 것이 아니라 궁극적으로 목적지에 도달하는 과정까지 지배하는 경우가 많다. 가령, 내가 하는 음식업종에

고객만족, 이 얼마나 가슴 떨리는 말인가! 그들이 연어처럼 다시 〈바다황제〉를 찾아올 수만 있다면 고객만족에 뼈를 묻으리!

서 그 목적지를 단지 매출과 이익과 수익에만 둔다면 어떻게 될까? 돈보다 고객은 뒷전일 수밖에 없다. 고객들은 만족하는 대신 불만을 표출할 것이 뻔하다. 그렇게 불만을 가진 고객들이 과연 다시 찾을까? 미래의 일이라 눈에 보이지는 않지만 그 가게는 얼마 못 가 문을 닫을 것이 뻔하다. 이런 현상이야말로 결과가 과정을 지배하는 대표적인 예라 할 수 있다.

이 책에서 내가 말하려는 것은 세상에 없는 새로운 무언가가 아니다. 또한 새로운 철학을 담고 있는 것도 아니다. 최근 수많은 언론과 기업들이 말하는 혁신도 마찬가지다. 이름만 다를 뿐 지속적으로 변화를 해야 한다는 가치와 명분은 분명했다. 그것을 담는 형식과 그릇은 달라졌을지 모르지만, 메시지는 분명하고 일관성을 지니고 있었다. 그것들 모두는 이미 알고 있는 것들을 온고지신(溫故知新: 옛 것을 익혀 새 것을 안다)하는 지혜에서 출발해 현재에서 승리하는 방법을 말하고 있다.

고객만족도 마찬가지다. 이 말이 들어온 지 벌써 40여 년이 되었다. 1980년대 미국 등 선진국에서 들어온 이 개념을 우리는 귀청이 떨어지도록 들어왔고, 요구받고, 교육받았다. 그럼에도 불구하고 정작 고객들의 불만과 불평은 줄어들지 않고, 만족 수준은 오히려 낮아지고 있다. 도대체 무엇이 문제인 것일까?

나는 기본적으로 그 목적지가 잘못되었다고 말하고 싶다. 내가 수익을 올리려면 고객에게 주는 것에서 얻어낼 수밖에 없다. 최상의 것 대신 그 아래 것, 좋은 것 대신 그저 그런 것으로 대응해야 하는 것이다. 그렇지 않다면 조삼모사(朝三暮四: 잔꾀로 남을 농락하는 것)와 같이 고객을 속이는 수밖에 없다. 이런 행위야말로 고객만족과 대치되는 것이다. 그럼에도 불구하고 장사를 하는 사람들은 눈 하나 깜짝하지 않고 이런 행위를 한다. 고객이 만족하지 못하는 궁극적 이유가 여기에 있다.

나를 먹여살리는 고객의 만족을 위하여

고객은 궁극적으로 당신이 먹고살 수 있는 터전이다. 고객이 떠나고 난 뒤 매출이나 이익을 따지는 것은 아무런 의미도 없다. 내가 네비게이션을 고객만족에 두는 이유도 여기에 있다. 고객이 있어야 내가 있다. 나란 존재는 고객이 없다면 애초에 존재할 수 없었다. 이러한 인식을 하면 고객은 나를 먹여살리고 나의 목숨을 살려준 은인이나 다름없는 존재가 된다.

나는 실제로 30여 년가량 장사를 하면서 고객만족이 매출과 이익과 어떠한 상관관계를 가지는지 알 수 있었다. 고객만족을 먼저 생각하고 고객들이 만족과 감동을 하자 매출과 이익이 급상승하고 지속되는 생생한 경험을 할 수 있었다. 지금 고객 중심의 장사 철학은 이러한 이해의 토대에서 이루어졌다.

지금 하루 매출과 한 달 이익이 얼마인지 몰두하고 있다면 그 생각을 버려라. 그 중심에 고객만족을 세워라. 지금까지 만나본 장사를 못하는 사람들 대부분은 고객만족은 외면하고 원가만 따지는 사

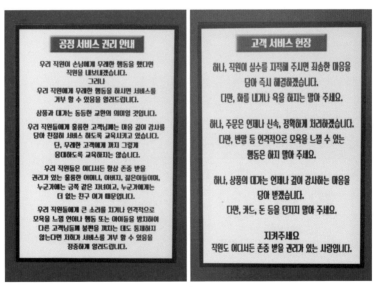

감승호 회장이 운영하는 스노우폭스에서 차용한 〈바다회제〉의 공정 서비스 권리 안내와 고객 서비스 헌장. 고객을 최고로 여기고, 그들을 위해 최고의 서비스를 제공하는 것이야말로 장사를 하는 사람으로서 최고의 영광이다.

람들이었다. 매출과 이익만 따지다가 망하는 가게는 있어도 고객만족만 생각해서 망하는 가게는 없다. 이것이 지금까지 내가 경험한 장사의 진리다. 여러분 네이게이션의 최종 목적지는 어디인가? 매출과 이익인가 아니면 고객만족인가?

차별화된
서비스로 승부하라

세밀하고 차별화된 서비스를 제공하라

현대 사회는 하루하루가 엄청나게 빠르게 변화하고 있다. 그에 따라 사람들의 식생활도 급격히 바뀌고 있다. 한때 전국적으로 패스트푸드점과 패밀리레스토랑이 유행했던 것을 기억할 것이다. 아이들이 가고 싶어 하던 곳 중 1순위로 꼽히던 그곳들이 이제는 쇠퇴기에 접어들어 점차 뒤안길로 사라지고 있다. 그 대신 부상하고 있는 것이 건강한 먹거리와 웰빙 관련된 곳들이다. 이렇듯 고객들의 니즈와 선호는 유행처럼 시시각각 변하고 있다.

어디 그뿐인가. 최근에는 서비스에도 근본적인 변화가 일어나고 있다. 특히 요즘 등장한 가게들은 아주 디테일한 부분들까지 고객들의 불편을 해소해주거나 친절한 서비스를 제공하고 있다. 불과 얼마 전만 해도 서비스에서 차별화된 요소를 찾아보기가 별로 쉽지 않았다. 그만큼 서비스가 보편화되었고, 그에 대한 의식과 실천에 대한 고민도 깊지 않았다.

하지만 이제는 다른 식당도 제공하는 그저 그런 서비스가 아니라 고객에게 '아!' 하는 탄성을 불러일으키는 자기만의 서비스가 점점 많아지고 있다. 게다가 그러한 시버스는 더욱 더 디테일해지고 있다. 그만큼 서비스에 대한 경쟁이 치열해지고, 그에 대한 고민과 연구도 깊어지고 있다는 방증이라고 할 수 있다. 따라서 당신도 이제는 보편적인 서비스는 물론 디테일한 서비스에도 관심을 가져야 한다.

이제까지 다른 업체들이 해온 것처럼 말로만 친절과 배려를 제공하는 것으로 끝나서는 안 된다. 이제는 어떻게 하면 좀 더 나은 서비스를 제공할지 고객 입장에서 고객의 눈으로 찾아 적극적으로 제공해야 한다. 또한 다른 매장이나 가게를 들렀을 때 그들이 제공하는 서비스를 눈여겨보고 좋은 서비스라면 메모를 하거나 머릿속에 담아 벤치마킹을 해야 한다. 그래야 고객의 머릿속에 당신 가게에 대한 이미지를 확고하게 심을 수 있다. 그렇게 이미지를 심어 놓아야

수확할 열매를 비로소 얻을 수 있다.

서비스 하나라도 고객의 기억 속에 각인시켜라

우리 가게는 다양한 서비스를 제공하는 것으로 널리 알려져 있다. 그중에는 맛집을 여행하면서 다른 가게에서 본 것을 벤치마킹해 제공하는 것도 있고, 다른 분야의 업체에서 보거나 경험한 서비스에서 힌트를 얻어 실행하는 것도 있으며, 자체적으로 개발해 제공하는 것도 있다. 그중에서 우리가 제공하는 대표적인 서비스 몇 가지에는 다음과 같은 것들이 있다.

🖋 **우산 무료 제공 서비스** : 최근 우리나라는 기후변화로 인해 온대성 기후에서 아열대성 기후로 바뀌고 있는 상황이다. 이에 따라 불안정한 기층들로 인해 예기치 않은 집중 호우가 자주 발생하고 있다. 옛날과 달리 비가 오면 아열대성 집중 호우(스콜)로 자칫하면 금세 비에 흠뻑 젖기 쉽다. 그래서 우리 식당에서는 우산을 대량으로 구비해 비가 갑작스럽게 내렸을 때 우산을 준비하지 못한 고객들에게 무상으로 빌려주고 있다. 그러면 고객들은

우산을 돌려주러 와서 감사하다는 말을 전하기도 하고, 미안하
다면서 식사를 한 번 더 할 때도 있다.

우산 하나지만 우리는 고객과 다시 만날 수 있습니다.

🎤 **충전기 무한 공급** : 휴대폰은 이제 비즈니스는 물론 일상생활에
서도 필수품이 되었다. 휴대폰 배터리의 눈금이 한 칸밖에 남지

않았다고 생각해보라. 휴대폰이 꺼지면 어쩌나 하는 생각과 함께 충전기가 있으면 정말 좋겠다는 생각이 간절할 것이다. 대부분의 가게들은 주인 자신이 쓰는 충전기 외에는 따로 구비해두지 않는다. 하지만 우리 가게는 이러한 고객들의 마음을 알아채고 모든 기종의 충전기를 다량 구비해서 고객들의 그런 불안감을 완전히 지우고 있다. 식사를 할 때 마음이 편해야 음식도 맛있지 않겠는가.

🔍 **안경세척기 제공** : 컴퓨터나 휴대폰 사용 등으로 눈이 피로해진 탓에 안경을 쓰는 사람이 많아졌다. 현대인들은 10명 중 6명은 안경을 쓴다는 통계도 있다. 일반적으로 안경세척기는 안경점에나 있다는 고정관념을 사람들은 가지고 있다. 그런데 우리 식당처럼 이런 서비스를 제공한다면 어떻겠는가? 안경세척기 하나만으로도 고객들의 기억 속에 각인되지 않겠는가?

🔍 **신발 무한 책임제** : 식당 입구에서 '신발을 잃어버렸을 경우 책임지지 않습니다'라는 문구를 보는 것은 그리 어려운 일이 아니다. 이는 업주가 신발 분실에 대한 책임을 회피하겠다는 뜻을 나타낸 표현이다. 때로는 신발 분실로 인해 고객과 업주 간에 분쟁

까지 발생하는 경우도 있다고 한다. 하지만 우리 식당은 다르다. 우리 식당 입구에는 '신발은 사장이 책임지겠습니다. 고객님께서는 마음 편히 식사를 하십시오'라고 씌어 있다. 우리 식당은 들어와서 나갈 때까지 모든 것을 책임진다. 신발은 그중 하나일 뿐이다. 어떤가. 고객이 신뢰하지 않겠는가.

오늘 우리 가게에 오셨으니 신발은 물론 모든 것을 책임져 드리겠습니다. 맛있는 음식과 친절한 서비스는 기본!

🎤 **화장실 점자 표지판 서비스** : 현대 사회는 언제, 어디서, 어떤 일이 발생할지 모른다. 그렇다 보니 급작스런 사고로 장애를 입는 사람을 찾아보는 것도 이제는 어려운 일이 아니다. 그래서 고객들

중 혹시라도 있을지 모르는 시각장애인들을 위해 화장실을 점
자 표지판으로 만들었다. 시각장애인을 가족으로 둔 고객이라
면 이런 따뜻한 서비스에 감동을 받을 수밖에 없을 것이다. 장
애인들에 대한 배려가 부족한 우리 사회에서 아주 디테일한 배
려까지 한다는 인상을 강하게 주기 때문이다.

우리는 당신이 말하고 싶지 않은 세심한 것까지 배려하
고 싶습니다.

🍴 **화장실에 음악 서비스** : 화장실에 가면 음악이 나오는 곳이 있다. 어디일까? 바로 호텔이다. 비록 음식점에 왔지만 이 서비스는 호텔에 온 것 같은 착각을 불러일으키기에 그만이다. 화장실에서까지 귀를 즐겁게 해준다는 점에서 고객을 많이 배려했다는 인상을 줄 수 있다.

🍴 **가그린과 여성용품 서비스** : 식사를 하고 난 후 입안이 텁텁하다면 만족감이 줄어들 수밖에 없다. 그런 고객들을 위해 우리 식당은 치아건강 프로젝트로 가그린을 설치해 제공하고 있다. 음식을 먹고 나서 가그린을 하면 이를 닦지 않고도 개운해 특히 비즈니스를 하는 사람들에게는 아주 유용할 것이다. 아울러 여성들의 경우에는 예기치 않게 그날이 올 때가 있다. 그런 경우에는 카운터에 말하면 바로 문제를 해결할 수 있도록 했다. 그날의 불안함을 지워버릴 수 있다는 점에서 깐깐한 여성 고객들을 배려한 서비스라고 할 수 있다.

고객 감동은 결코 먼 곳에 있는 것이 아니다. 아주 가까이에 있다. 또한 고객 감동이라고 하면 뭔가 큰 것을 해줘야 얻어지는 것이라고 생각하는 경향이 있다. 하지만 그렇지 않다. 작은 것부터 시작하면 된다. 감동을 주지 못하면 고객은 어제 일이라고 해도 기억하지 못한다. 고객 감동은 대단한 이벤트가 필요한 것이 아니다. 진심을 전달할 수 있다면 사소하고 작은 것일지라도 그걸로 충분하다.

제대로 된
신뢰관계를 구축하라

신뢰를 어떻게 쌓을 것인가?

빵집이나 햄버거집, 고깃집 등을 지나가다 보면 재료의 원산지 표시를 떡하니 문 앞에 표기해놓은 것을 볼 수 있다. 이것이 노리는 것은 과연 무엇일까? 기본적으로 고객의 믿음과 신뢰를 얻기 위해서라고 할 수 있다. 장사를 하는 사람에게 있어서 최고의 자산이라고 한다면 다름 아닌 신뢰라고 할 수 있다. 인간관계의 기본이 되는 신뢰가 있어야 방문을 하고 구매를 할 것이기 때문이다.

요즘 뉴스에서 심심치 않게 등장하는 소식이 있다. 바로 식품에 대한 안전 문제다. 이러한 뉴스를 접할 때마다 사람들은 먹거리에 불안할 수밖에 없다. 그렇다면 왜 이런 일이 발생하는 것일까? 다음과 같이 두 가지 요인으로 설명할 수 있을 것이다.

1. 개별적 요인
2. 구조적 요인

여기서 개별적 요인이란 개인의 성향과 변수를 말한다. 고객과의 약속을 잘 지키지 않거나 상품이나 서비스를 팔기 위해 한순간 고객을 의도적으로 속이는 것이 대표적이다. 이는 장사를 하는 업주 개인의 성향이나 인성에 연결된다고 할 수 있다. 실제로 장사하는 사람들 중에는 눈앞의 이익에 눈이 멀어 고객을 속이는 행동을 저지르는 이들이 제법 존재한다. 원산지를 속이거나 식재료를 다른 것으로 바꿔치기 하는 경우가 대표적이다.

이런 경우 고객은 잠깐은 속임수에 속아 넘어갈지 모르지만, 결국은 그 사실을 알아차리게 된다. 그들은 속았다는 사실에 강하게 클레임을 제기하기도 하고, 다시는 사지 않겠다며 속으로만 분을 삭이고 넘어가기도 한다. 어쨌든 이러한 행위는 고객에게 절대 잊을 수 없는 기억, 그것도 부정적인 기억을 남긴다. 그러면 고객은 자연스레 발길을 끊고 안 좋은 입소문을 주위 사람에게 퍼뜨리게 될 것이다.

구조적 요인이란 개인의 힘으로는 통제할 수 없는 변수를 가리킨다. 판매하는 음식이나 상품의 품질, 안전성, 서비스 등이 고객의 기대를 충족시키지 못하는 경우가 대표적이다. 이런 경우에는 시스템을 제대로 만들거나 좀 더 나은 방향으로 개선하는 것만이 답이다. 이를 미루거나 우물쭈물하다가는 품질, 안전성, 서비스 등에 문제가 발생해 고객은 등을 돌릴 것이다.

사람은 처음이 중요하다고 한다. 따라서 첫인상의 중요성은 아무리 강조해도 지나치지 않다. 장사도 마찬가지다. 첫인상을 제대로 심어줘야만 그들의 머릿속에 기억되어 다시 찾을 수 있다. 이때 특히 신뢰감을 주는 첫인상은 매우 중요하다. 그중에서도 인사는 첫 만남이라 할 수 있다. 고객과 만났을 때 3초 내에 반갑게 맞이한다는 느낌을 전달해야 한다. 그리고 계속해서 이어지는 접객의 순간과 서비스의 순간에도, 고객의 요구를 성실하게 성심성의껏 받아들여 적재적소에 제공해야 한다.

신뢰는 결코 한순간에 이루어지는 것이 아니다. 모든 인간관계가 그렇듯이 신뢰는 상대의 마음속에 저축을 하는 것과 같다. 고객과의 관계에서도 앞서 말한 것처럼 초심을 다지고, 중심을 잡고, 진심으로 다가가야 지속적으로 그들의 마음속에 저축할 수가 있다. 그렇게 계속해서 잔고가 쌓이면 고객의 신뢰는 더욱 깊어질 것이다. 잔고가 많으면 한 번쯤 실수해도 믿음에 대한 잔고가 남아 있어 고객이 다시 찾을 수 있다. 하지만 잔고가 바닥났다면 한 번의 실수만으로도 고객은 등을 돌릴 수밖에 없다.

고객과 고객의 이익을 최우선으로 하라

장사를 하는 많은 사람들이 고객만족을 부르짖는다. 하지만 공염불에 그치는 경우가 너무나 많다. 그 이유는 무엇인가? 자신의 이익을 먼저 생각하고, 거기에 몰두하기 때문이다. 정작 고객 만족은 자연스레 뒷전으로 밀릴 수밖에 없다. 그러니 고객들은 만족하지 못하고, 발길을 끊고 마는 것이다.

여기서 우리가 반드시 기억할 것이 있다. 우리에게 고객은 한 번의 기회만 줄 뿐이라는 것이다. 고객은 결코 두 번의 기회를 주지 않는다. 그들의 마음에 저축을 별로 해두지 않았다면 단 한 번의 실수나 잘못된 응대로 그들과의 인연은 끝나기 쉽다. 따라서 여러분은 고객이 지불한 가격과 그들의 기대에 부응하도록 최선을 다해야 한다. 그래야 버림받지 않고 오래도록 그들에게 서비스를 제공하면서 살아남을 수 있다.

　장사는 연애와 같다. 당신이 연애했던 때를 한 번 돌이켜보라. 당신은 아마 상대방의 마음을 얻기 위해서 부단히 노력했을 것이다. 때로는 선물과 이벤트로 감동을 주고, 때로는 '어떻게 하면 나의 진심을 전할 수 있을까?'라고 생각하며 깊은 고민에 빠졌을 것이다. 또한 오로지 상대방만 생각하고, 영혼마저 빼앗겨 상대방의 요구나 제안이 마음에 들지 않더라도 흔쾌히 받아들이는 척 연기했을 것이다. 그렇게 연애에 대한 열정이 있었기에 당신은 상대방의 마음을 사로잡아 결혼에 골인했을 것이다.

　이제 당신의 고객이 연인이라고 한 번 생각해보라. 과연 당신은 상대방의 마음을 사로잡기 위해 얼마나 많은 노력을 기울였는가? 영혼을 판 것처럼 제대로 연기했는가? 연애 할 때처럼 행동하고 생각해 그들의 마음을 사로잡았는가? 내가 손해를 보더라도 상대방의 웃음을 사고 싶어 했는가?

　고객만족은 이러한 접근에서 시작된다. 나의 이익 다음에 고객 만족은 없다. 그러한 공식은 버려야 한다. 나의 이익 이전에 손해를 보더라도 고객의 만족을 우선시해야 한다. 앞에서 말했던 우리 가게가 지향하는 바를 혹시 기억하는가? '배터지는 일식집'이었다. 게다가 나는 고객들에게 바가지를 씌우지 않고, 내가 바가지를 쓰겠다며 솔선수범해서 바가지를 쓰는 퍼포먼스를 진행하고 있다. 이 모든 것이 의미하는가? 그 궁극적인 목표는 바로 고객만족이다. 그 전제 조건은 고객을 최우선으로 하는 데 있다. 나의 이익보다 고객의 이익을 우선시하면 나의 이익은 자연스레 뒤따라오게 마련이다. 장사하는 사람이 손해볼 일은 절대 없다.

한 번 인연을
평생 인연으로

인연의 끈을 연결하라

1970년대 내가 살던 시골에 처음으로 흑백TV가 들어왔다. 어른, 아이 할 것 없이 동네 사람들이 TV가 있는 집으로 삼삼오오 몰려가 드라마, 만화영화 등을 함께 보던 기억이 생생하다. 당시 나는 TV를 가진 집 아이들이 무척 부러웠다. 채널만 돌리면 재미있는 프로그램이 척척 나오는 TV는 신기함 그 자체였다. 지금이야 별것 아니겠지만, TV는 그 당시 엄청난 문화적 충격을 몰고온 문명의 이기였다.

기본적으로 TV는 채널로 작동을 통제한다. 정확히 말해서 채널을 돌리면 각기 달리 설정된 주파수와 연결되어 작동하는 것이다.

그래서 KBS 채널에 고정하면 KBS 나오고, MBC 채널에 고정하면 MBC나오는 것이다. 이러한 작동원리는 TV에만 국한된 것이 아니다. 고객과의 관계에서도 작동한다. 고객과 채널을 잘 맞추면 단골고객이 되고, 잘 못 맞추면 한 번 들른 손님으로 끝나고 만다. 고객의 마음속에도 콩 심은 데 콩 나고 팥 심은 데 팥 나는 것이다.

앞에서도 말했지만 고객은 당신에게 한 번의 기회밖에 주지 않는다. 한 번 놓치고 나면 다시 붙잡고 싶어도 기회조차 없다. 따라서 장사에서 취할 수 있는 최선의 마케팅 방법은 처음 또는 한 번 온 고객을 두 번, 세 번 지속적으로 오게 하는 것이다. 그러기 위해서는 임기응변 방식이 아니라 전략적으로 접근해야 한다. 임기응변 방식은 그때그때 대응하기 때문에 매뉴얼이 없고 표준화가 되지 않아서 들쑥날쑥하지만, 전략적인 방법은 그와 달리 매뉴얼이 있고 표준화가 되어 있어서 성과도 분명하고 일정하다.

그렇게 보았을 때 고객과의 만남은 일생에 한 번밖에 없을 수도 있는 귀한 인연이라고 할 수 있다. 하지만 인과관계로 이어지는 사람과 사람 사이의 관계이다. 따라서 지속적인 인연으로 끌고 가려면 뭔가 끊임없이 인과관계를 형성해야 한다. 그렇다면 그들과 인연의 끈이 끊어지지 않도록 하려면 어떻게 해야 할까? 다음과 같은 방법들을 활용하면 된다.

- 식사권, 휴대용 이쑤시개 등을 선물하라.
- 하나라도 더 주고 마음을 표시하라.
- 지속적으로 메시지 등으로 연락하라.
- 기념일 등을 챙겨 맞춤으로 서비스하라.

친구든 연인이든 고객이든, 모든 사람 관계는 지속적으로 인과관계를 만드는 것이 중요하다. 아무리 보기 싫고, 미운 사람이라도 자주 보고, 연락하면 자연스레 관계가 호전된다. 그러기 위해서는 자신의 시간을 쪼개 바쁘게 열심히 활동해야 한다. 이것은 기본적으로 관계를 진정시키는 데 밑거름이 된다. 사람에게는 뭔가 열심히하려는 사람을 도와주려는 인지상정이 존재한다. 그래서일까? 결과론이지만 성공한 사람들에게서 공통적으로 발견할 수 있는 습관이근면과 성실이다.

고객과 채널을 맞추는 법

나는 돈을 남기면 하수, 업적을 남기면 중수, 사람을 남기면 고수라는 삶의 철학을 가지고 있다. 그만큼 사람에 대한 애정과 신뢰가 많은 편이다. 실제로 살아오면서 어려움을 극복하고 버텨 지금에 이를 수 있었던 것도 결국은 사람 때문이었다. 나라고 어찌 힘들고 어려울 때가 없었겠는가. 부여잡고 있던 것을 놓고 싶은 때도 한두 번이 아니었다. 그때마다 나를 일으켜 세워주고, 힘을 주고, 용기를 갖도록 어깨를 다독여주고 감싸준 것은 바로 사람이었다.

그중에서도 특히 고객들의 지지와 신뢰는 장사를 그만두고 싶을 때마다 나를 채찍질해준 선생이었다. 나는 그런 그들과 항상 채널을 맞추고자 노력했다. 그 노력의 대가가 바로 그들의 지지와 신뢰가 아니었나 싶다. 여기서 말하는 채널을 맞춘다는 것은 고객과 공감대를 형성한다는 뜻이다. 그러기 위해서는 무엇보다도 적극적인 경청, 즉 상대방이 개떡같이 말해도 찰떡같이 알아들을 수 있도록 잘 들어야 한다.

그렇다면 어떻게 해야 경청할 수 있을까? 다음 과정을 잘 따르면 된다.

🔍 **인지하기** : 인지란 상대가 하는 말을 액면 그대로 잘 듣는 것을 뜻한다. 가령, "값이 정말 싸네요"라고 고객이 말했다면 그 말을 놓치지 않고 듣는 것을 가리킨다. 이것은 그저 행동적인 측면의 듣기, 즉 소리를 놓치지 않고 듣기라고 할 수 있다.

🔖 **주의 기울이기** : 말을 액면 그대로 받아들이는 것이 아니라 고객의 상황과 비언어적 행동을 파악하여 감정까지 제대로 이해하는 것을 뜻한다. 가령, 얼굴을 찡그리며 고객이 "값이 정말 싸네요"라고 말했다면 그것은 반어법이라고 할 수 있다. 사실은 가격이 비싸다고 말하고 있는 것이다. 반면에 활짝 웃는 얼굴로 기꺼이 결재를 하면서 이 말을 한다면 진심으로 가격이 싸다고 한 말로 받아들이면 된다. 이것은 상대방의 의중을 파악하는 듣기라고 할 수 있다.

🔖 **반영하기** : 상대가 했던 말을 다시 한 번 확인하는 것을 뜻한다. 가령, "값이 정말 싸네요"라고 고객이 말했을 때 "정말 가격이 싸다고 그렇게 생각하세요?"와 같이 되물어 상대의 동의를 얻거나 의중을 좀 더 자세히 살피는 것을 가리킨다. 이는 상대방의 의중을 다시 한 번 확인하고 파악하는 것이라고 할 수 있다.

이처럼 잘 듣는 것은 매우 중요하다. 잘 듣기만 해도 고객이 가진 불만의 80%는 해결할 수 있다. 잘 들어주면 고객은 자신이 대접받거나 배려를 받는다고 느끼면서 증폭되었던 감정도 서서히 가라앉힌다. 또한 잘 들으면 고객의 니즈도 파악할 수 있다. 고객의 마음은 시시각각 변하게 마련이다. 열린 마음으로 그 마음속 변화를 읽고 대처하는 것이야말로 장사를 하는 우리의 숙명이다. 대박 나는 가게는 바로 그러한 변화를 읽고 대응하는 데 있다.

스몰토크로 공감대를 강화하라

나는 고객들이 오면 간단한 질문을 던지고, 그들의 대답을 유심히 듣는다. 그리고 직원들에게도 접대를 할 때 잘 듣고 나서 스몰토크를 하라고 교육하고 강조한다. 스몰토크란 쉽게 말하면 간단한 잡담이라고 할 수 있다. 서비스를 할 때 스몰토크는 강력한 유대관계를 형성한다. 심각한 문제를 논의하는 남북 간 회담이나 국제회의에서조차 스몰토크는 부드러운 분위기를 형성하는 데 윤활유와 같은 역할을 한다. 우리가 처음 만난 사람과 날씨 이야기를 하거나 고향과 나이를 묻는 이유도 여기에 있다.

그렇다고 해서 아무 말이나 던지는 것은 실례가 될 수 있다. 내가 운영하는 식당 같은 곳에서 말하는 스몰토크란, 자잘하지만 친절하게 접객을 한다는 듯한 인상을 주는 것이 중요하다. 우리 식당의 경우에는 가장 인기 메뉴인 해신탕을 식탁 위에 내놓을 때, 요리 재료부터 요리 방법, 기타 필요한 사항 등의 설명을 함께 덧붙이는 것이 그 대표적인 사례라고 할 수 있다. 가령, "이 전복은 저희가 직접 거래하는 완도의 ○○수산에서 매일 직송하는 것으로 전국 최고의 품질을 자랑합니다. ○○수산에서는 이 전복을 키우기 위해 3년가량 미역을 먹여 키웁니다. 이때가 가장 살이 차고 맛있을 시기이기 때문에 저희는 이 업체의 전복만 사용합니다. 자, 한번 드셔보시죠. 입에 넣어보시면 완도 바다의 맛과 향이 느껴지실 겁니다"와 같이 깨알 같은 멘트를 전하면서 고객을 접객하는 것을 뜻한다.

아무리 좋은 재료를 쓰고, 아무리 맛있는 음식도 표현을 해야 고객들이 제대로 인식하고 깨달을 수 있다. 우리는 과거에 침묵을 금이라고 가르쳤고, 말을 많이 하는 사람을 사기꾼이라고 가르쳤다. 그만큼 말로 표현하는 것을 피하고 엄숙한 것을 좋다고 여겼다. 하지만 지금은 자기 PR의 시대이다. 어디서나 프레젠테이션이 일상화되어 있고, 말 한마디가 마케팅인 시대이다. 없는 것을 거짓말로 포장해서는 안 되겠지만 자신이 있고 좋은 것은 적극적으로 자랑할 필요가 있다.

심지어 나는 뭔가 서비스를 주더라도 고객에게 생색을 내라고 말한다. 서비스를 줄 때 말하지 않으면 고객이 알아차리지 못할 때도 있다. 그런 경우에는 주고도 좋은 소리를 듣지 못한다. 사소하지만 스몰토크는 고객과의 소통과 공감을 이루는 매개체라고 할 수 있다. 공감이란 고객의 눈높이를 낮추도록 하는 것도 답일 수 있겠지만, 고객의 눈높이를 높여서 맞추는 것도 답이 될 수 있다. 그 선택은 물론 당신 몫이다.

나의 분신,
아바타를 양산하라

가장 가까운 사람부터 하나, 둘, 셋

《수호지》라는 책을 보면 인도로 가는 과정에서 삼장법사의 제
자로 손오공이 등장한다. 여기서 손오공은 분신술을 사용할 줄 알
아서 한꺼번에 여럿이 되어 싸우기도 하고 잔꾀를 부리거나 게으
름을 피우기도 한다. 아마 바쁜 현대 사회를 사는 많은 사람들라면
그의 분신술이 무척이나 부러울 것이다. 나도 그런 마술을 부릴 수
있는 손오공이 부럽다. 만약 분신술을 사용할 수만 있다면 여러 가
지 일을 한꺼번에 해내 좀 더 보람된 삶을 살 수 있을 것이기 때문
이다.

그러나 어떻게 내가 손오공이 될 수 있겠는가. 손오공이 되는 것은 불가능하지만 실제로 그와 같은 영향력을 가지는 방법이 있다. 나를 열광적으로 지지하는 사람, 팬과 같은 사람을 만드는 방법이 그것이다. 당신이 야구나 축구를 광적으로 좋아하는 사람이라면 이 말뜻을 어느 정도 이해할 것이다.

당신이 야구광이라고 가정해보자. 당신은 ○○구단의 팬으로 그들의 경기라면 빼놓지 않고 TV로 시청하거나 직접 관람할 것이다. 어디 그뿐인가. 그 구단 선수들을 아주 열렬히 응원할 뿐만 아니라 모그룹을 주변 사람들에게 널리 홍보하고, 그 기업의 상품을 소개하거나 추천할 것이다. 이것이 바로 현대판 분신술이라고 할 수 있는 아바타(Avatar)다.

여기서 아바타는 컴퓨터 게임의 캐릭터를 말하는 것이 아니다. 열렬한 팬을 넘어 언제나 내 편인 나의 분신과도 같은 존재를 가리킨다. 즉 나의 확대된 또 다른 존재라고 할 수 있다. 장사를 하는 데 있어 아바타를 만드는 것은 매우 중요하다. 많은 사람들에게 널리 소개를 하는 입소문의 진원지가 되기 때문이다. 입소문이 퍼지지 않는다면 매출을 절대 늘릴 수 없고, 장사를 오래 지속할 수도 없다. 장사에서 입소문은 성공을 위한 밑거름이나 발판과 같다.

그렇다면 아바타를 어떻게 만들어야 할까? 우선 나와 가까운 사람부터 하나둘씩 만들어야 한다. 가족은 상황에 관계없이 항상 내 편일 테니 여기서는 따로 언급하지 않겠다. 그렇게 보았을 때 가장 먼저 아바타로 만들어야 할 사람은 직원과 매장 주변 사람들이다. 그러기 위해서는 그들의 인심부터 얻어야 한다. 직원들의 인심을 얻는 방법은 앞서 직원들의 동기부여에 관해 언급할 때 다루었다. 그것만 잘 기억하고 실천한다면 그들의 마음을 사는 것은 그리 어렵지 않을 것이다.

문제는 매장 주변 사람들이다. 장사를 하는 사람들은 대개 옆집이나 옆 가게와 경쟁 구도를 형성한다. 사돈이 땅을 사면 배가 아픈 관계가 만들어지는 것이다. 하지만 나는 절대 그런 관계를 구축해서는 안 된다고 말하고 싶다. 그렇게 되는 순간 거기서 장사하는 사람들은 모두 망할 수밖에 없다. 서로 반목하고, 인심이 박해지면 고객을 대하는 것도 마찬가지가 된다. 내 몸에 밴, 스며든 습관과 생각이 저절로 고객에게 전달되거나 전해지기 때문이다. 좋은 에너지는 사람을 끌어모으지만, 나쁜 에너지는 사람을 밀쳐낸다.

실제로 나는 옆집, 옆 가게와 절대 경쟁하지 않는다. 그들과 경쟁해 보았자 나에게 좋을 게 없다. 발전도 없을뿐더러 나의 감정만 흐트러질 뿐이다. 나는 경쟁 상대를 다른 누구도 아닌 어제의 나라고 생각한다. 어제보다 더 발전된 오늘의 나를 위해, 어제보다 더 나은 성실함과 정직함과 맛을 향해, 어제의 나와 경쟁하는 것이다. 그러면 자연스레 발전과 성장과 좋은 에너지가 나와 함께 한다.

나는 내 주변이 살아야 내 가게도 산다는 철학을 가지고 있다. 그래서 항상 서로 공생하는 길을 찾아서 그것을 이루기 위해 실천한다. 이렇다 보니 가게 주변 사람들은 자연스레 내 편이 되었다. 물론 나는 그분들 편이기도 하다. 이것은 전적으로 나만의 노력으로 이루어진 것이 아니다. 박수도 손뼉이 마주쳐야 나듯이 주변 상인들 서로가 위하는 마음이 있고, 호응을 했기 때문에 가능했다.

그 결과, 이심전심으로 지금은 하루에 한 번씩 서로의 가게를 들러 어깨도 주물러주고, 함께 도란도란 이야기도 나누고, 걱정도 나누고, 기쁨을 더하다 보니 서로가 서로의 아바타가 되었다. 지금 대전 대흥동은 그러한 신뢰와 믿음을 바탕으로 서로를 경쟁상대가 아닌 한 식구로 여기는 장사 공동체가 되었다. 우리 가게의 성공은 그러한 대흥동의 발전과 성장이 밑거름이 되지 않았나 싶다.

고객은 굴비다. 엮어야 한다

"바다황제의 네비게이션 목적지는 고객감동입니다."

나는 직원들은 물론 다른 사람들에게도 이 말을 밥 먹듯 한다. 이는 우리 식당이 고객감동을 지향한다고 강조하는 말이기도 하지만, 스스로에게 고객감동을 해야 한다고 다짐하는 말이기도 하다. 일단 말을 입 밖으로 내뱉고 나면 책임지려 하고, 실천하게 마련이다. 이를 말의 자성효과라고 한다. 내과 의사들은 금연 상담을 하러 온 환자들에게 "나 오늘부터 담배 끊었어"라고 주변의 모든 사람들에게 말하라고 조언한다. 그들이 이렇게 말하는 것도 말의 자성효과를 믿고, 실제로 그 효과가 있기 때문이다.

고객들은 끊임없이 변화하고 진화한다. 고객의 유형이나 기호는 물론 행태도 지속적으로 달라진다. 최근에는 핵가족화로 기존의 대가족은 상당히 해체되었지만, 이를 대체하는 다양한 커뮤니티가 생겨나고 있는 상황이다. 우리 가게의 고객들은 대체로 가족과 지역, 직장, 취미 등과 관계된 커뮤니티가 주를 이룬다. 이들은 맛은 기본이고 대개 한 곳에서 오랜 시간 동안 이야기꽃을 피울 수 있는 곳을 선호한다. 그래서 우리 가게는 개별적으로 넓은 룸을 마련해 그들을 맞이하고 있다.

그러나 이것은 수동적인 대처법에 불과하다. 적극적인 대처법으로는 이러한 커뮤니티를 직접 만들거나 회원으로 참여해 활동하는 방법이 있다. 기본적으로 장사는 사람이 자산이다. 그러한 인적 자산을 확보하기 위해서는 가게 안에 머물기보다는 외부에서 다양한 커뮤니티에 가입해 활동하는 것이 효과적이다. 단순히 가게를 지키는 것보다 부가가치를 훨씬 높이기 때문이다.

장사를 하는 사람들은 영업이라는 말을 의외로 거부하거나 외면하는 경향이 있다. 영업이라고 하면 왠지 싸 보이고 없어 보인다고 생각한다. 때로는 '내가 그것까지 해야 돼?'라고 말한다. 하지만 나는 어떤 분야든 영업은 중요하다고 생각한다. 그리고 반드시 해야 한다고 생각한다. 팔지 못한다면 어떻게 가게를 유지하고, 운영해 나갈 수 있겠는가. 단, 경계할 것이 있다. 너무 대놓고 장사를 한다는 느낌을 전달해서는 안 된다는 것이다. 커뮤니티에 가입해 열심히 참여하다 보면 영업은 아주 자연스레 이루어지게 마련이다.

그렇게 영업을 해서 그들이 가게를 방문했다면 그들에게 만족을 주고 감동시키면 된다. 만약 당신이 그들에게 맛있고 좋은 음식을 주고 만족을 주며 감동을 준다면, 그것은 영업이 아니다. 당신은 그들에게 선물을 한 것이다. 그러니 영업에 대해 너무 두려워하거나 자격지심을 가지거나 주저할 필요가 없다.

이렇게 해서 고객을 만족시키거나 감동을 준다면 당신은 고구마밭을 일군 것이다. 그렇다고 해서 한 사람의 고객을 무시해서는 안 된다. 한 명의 고객이라도 그들을 만족시키고 감동을 준다면 그는 당신의 아바타가 될 수 있다. 그러한 아바타가 많을수록 당신의 가게는 수많은 사람들로 넘쳐날 것이다.

불평하는 고객에게
감사하라

현장에서 고객에게 배워라

장사를 하다 보니 자연스레 온갖 사람들을 만나게 된다. 그렇게 백인백색, 각양각색의 사람들을 만나서 우여곡절도 참 많이 겪었다. 앞에서 고객에게 뺨 맞은 이야기를 했다. 지금은 오히려 그 고객과 웃으면서 자주 보는 좋은 사이로 발전했다. 그 경험은 내게 아주 큰 가르침을 주었다. 좋은 사이란 좋게 만나서 되는 것이 아니라 좋게 끝나서 되는 관계란 것을 알게 되었다.

장사하는 사람들이 일반적으로 말하는 좋은 고객이란 대체로 이런 모습일 것이다.

- 까다롭지 않고 무던한 고객
- 불평불만을 하지 않는 고객
- 자주 찾아와 주는 고객
- 다른 사람에게 소개를 해주는 고객

자주 찾아와 주는 고객, 다른 사람에게 소개를 해주는 고객은 나도 좋은 고객이라고 생각한다. 하지만 까다롭지 않고 무던한 고객, 불평불만을 하지 않는 고객은 좀 다르다. 이런 고객은 실상은 우리 가게에 찾아와주기를 바라는 고객이지 좋은 고객은 아니다. 파는 것은 편할지 모르지만 그들을 통해 배울 수 있는 것이 별로 없기 때문이다. 그들은 단지 성격이 좋은 고객일 뿐 내게 무언가를 깨닫게 해주는 고객은 아니다.

장사를 하면서 가장 많은 것을 배울 수 있는 것은 책이나 학문적인 이론이 아니다. 강의장이나 컨설팅도 아니다. 나는 장사를 하는 현장과 고객에게 가장 많은 것을 배운다고 생각한다. 모든 해답은 현장에 있고, 그것도 고객에게 있다고 생각한다. 그래서 나는 장사를 하는 사람들에게 머릿속으로만 생각하지 말고 고객과 소통하며 현장에서 답을 구하라고 말한다. 장사에는 어떤 하나의 절대적인 진리보다는 그때그때의 상대적 진리가 있을 뿐이다. 고객 한 명,

상황 하나에 따라 적절히 대응하고 반응해야 하는 무수히 많은 진리 말이다. 그래서 나는 장사가 어렵다고 말하는 것이다.

우리는 진리를 멀리서 찾는 경향이 있다. 등하불명(燈下不明), 즉 등 잔 밑이 어둡다는 말도 있듯이, 우리는 가까이에 있는 것을 가벼이 여긴다. 생활 속에서 진리를 찾는 습관이 배어 있지 않은 것이다. 손 안의 진주를 보지 못하고 멀리서 찾듯이 우리는 가까이에 있는 생활 속의 해답들을 외면한 채 멀리서 그 답을 구한다. 하지만 정작 장사 뿐 아니라 삶의 정답도 우리 주변 가까이에 있음을 알고, 거기서 찾 으려고 노력해야 한다.

내가 즐겨보는 TV 프로그램 중에 〈생활의 달인〉이 있다. 거의 15년 넘게 진행된 SBS의 장수 프로그램으로 거기에 출연하는 사람들은 사소한 취미나 특기부터 음식점을 비롯해 그 분야도 제각각이다. 거기서 특히 내 눈을 사로잡는 것은 그들이 달인의 경지에 오르게 된 비결이다. 그들은 어느 학원이나 강사, 교수에게 방법을 배운 것 이 아니라 끊임없는 노력과 경험을 통해 자신만의 방식을 만들어냈 다. 그렇게 해서 그들은 다른 사람들이 도저히 따라올 수 없는 경지 에 이른 것이다. 장사도 마찬가지다. 현장에서 고객들을 만나면서 그들의 니즈와 기호를 파악하고, 좀 더 빠르고 나은 서비스를 제공 하기 위해 고민하고 노력하는 것이 근본적인 답이다.

불평불만 고객을 열광하는 팬으로

당신이 온갖 노력을 다해도 모든 고객들이 만족하는 것은 아니다. 백인백색이라는 말에서도 알 수 있듯이 사람들의 요구와 기호는 제각각이다. 신이 아닌 다음에야 모든 고객을 만족시키기란 사실 불가능할 것이다. 그렇다고 해서 고객만족을 포기하라는 뜻이 아니다. 그들이 100% 만족할 만큼 치열하게 고객만족에 도전해야 한다는 것은 명약관화(明若觀火: 의심할 여지가 없이 분명함)하다. 그리고 불평불만을 터트리는 고객이 있다고 해도 스스로를 자책하지 말고, 그들까지 사후처리를 통해 만족으로 이끄는 것이 중요하다.

고객은 불만이 있을 때 그것을 털어놓는 경우가 그리 많지 않다. 그들은 불평불만이 있어도 '다시 이 가게에 안 오면 되지!'라고 생각할 뿐이다. 굳이 불평불만을 털어놓고 얼굴을 붉히고 싶은 마음이 없다. 그들이 그렇게 말을 하지 않다 보니 정작 장사를 하는 사람들은 그것을 알아채지 못한다. 장사하는 사람과 고객의 눈높이가 다르고 갈리는 것도 바로 이 때문이다. 장사하는 사람들은 '손님들이 만족하고 있나 보다!'라고 생각하지만, 고객은 만족하지 않는 도저히 납득할 수 없는 상황이 벌어지는 것이다.

그렇다면 이렇게 고객이 불평불만을 털어놓지 않는 상황에서 어떻게 하면 그것을 파악할 수 있을까? 첫 번째로는 비언어, 즉 그들의 몸짓과 눈빛과 행동 등으로 파악하는 방법이 있다. 예를 들어, 계산대 등에서 고객이 카드를 내밀고 무관심한 듯 다른 곳을 보고 있다면 불만이나 문제가 생긴 것이다.

좀 더 적극적으로는 질문을 통해 파악하는 방법도 있다. 가령 "맛은 어떠셨나요?", "음식이 입에 맞으시던가요?"와 같이 묻는다면 고객은 '바로 이때다!'라고 생각해 자신의 불평불만을 털어놓을 것이다. 여기서 질문은 고객의 마음속에 있는 불평불만을 밖으로 표출하도록 돕는 연결통로이자 매개체가 된다. 그 통로가 열리면 적극적으로 듣고 적절히 대응한 후 현장에 반영하면 된다.

때로는 대놓고 불평불만을 털어놓는 고객도 있다. 장사를 하는 사람이 가장 대응하기 어렵다고 생각하는 고객이 이런 고객일 것이다. 이때 가장 먼저 해야 하는 가장 중요한 것은 공감하는 것이다. 일반적으로 고객이 불평불만을 털어놓으면 바로 "그렇지 않습니다"와 같이 그들의 말을 부정하는 경우가 많다. 이렇게 하면 불이 난 마음속에 기름을 붓는 격이다. 그러면 그들은 감정이 폭발해 더욱 험한 말과 행동으로 나아가게 되어, 걷잡을 수 없는 상황으로 치닫고 만다. 이럴 때는 "아, 그러셨어요!", "저라도 그랬겠네요"와 같이 공감하는 말로 진화에 나서야 한다. 그 말 한마디만으로도 고객은 위안과 위로를 얻어 이성적인 상황으로 돌아오게 된다. 그렇게 되면 문제의 해결점을 찾는 것은 그리 어려운 일이 아니다.

고객과의 관계는 시작도 물론 중요하다. 하지만 그보다 어떻게 마무리하느냐가 더 중요하다. 마무리가 잘 되면 그들은 단골고객, 충성고객이 되고, 당신의 진심을 이해한다면 열광하는 팬이 된다. 장사를 하면서 열광하는 팬 100명만 구축해보라. 장사를 하는 것이 한결 수월해지고, 내 발목을 잡고 있는 매출이라는 사슬에서 벗어날 수 있을 것이다. 또한 장사하는 재미를 본격적으로 느끼게 될 것이다.

스토리,
입소문을 전파하라

스토리가 최고의 차별화다

한류가 전 세계적으로 유행하면서 국내 드라마가 세계 곳곳으로 팔려나가 방영되고 있다고 한다. 그렇다 보니 드라마 속 주인공들이 들고 나온 핸드백이나 입고 나오는 옷, 화장품 등이 뜻하지 않게 불티나듯 팔려나간다고 한다. 한때 전지현이 출연했던 드라마 〈별에서 온 그대〉(2013)가 중국에서 공전의 히트를 치면서 그녀가 입고 나온 옷과 화장품을 협찬했던 업체가 엄청난 매출 상승으로 대박을 쳤다고 한다. 심지어 치킨과 맥주, 일명 '치맥'까지 더불어 큰 히트를 쳤다고 하니 드라마의 인기가 어느 정도였는지 알 수 있을 것이다.

이 이야기는 고객들이 상품의 본원적 속성, 즉 품질만으로 구매를 하는 것이 아니라는 것을 보여주는 대표적인 사례라 할 수 있다. 고객들은 이성만으로 구매하지 않는다. 때로는 감성, 즉 그 상품의 탄생 배경이나 재미있는 에피소드, 예를 들면 '어느 드라마에서 유명 여배우 ○○○가 입고 나왔던 그 청바지'란 이야기 등이 구매에 더 큰 영향을 미치기도 한다. 그래서 최근에는 드라마에 협찬을 하기 위해 많은 업체들이 줄을 서고 있다고 한다.

이야기의 힘은 매우 강력하다. 옛날부터 내려온 오래된 설화와 명품 브랜드가 대표적인 사례라고 할 수 있다. 사람은 죽어서 사라졌지만, 설화는 몇 천 년 동안 입에서 입으로 지금까지 전해져 내려온 것을 보면 이야기의 생명력이 얼마나 강력한지 알 수 있다. 또한 유명 브랜드의 경우에는 그 유래나 에피소드 등을 노골적으로 드러내거나 고급화된 이미지를 표현하기 위한 입소문을 만들고 퍼트려 대박을 터뜨리기도 한다.

지금은 차별화가 정말 힘든 시대이다. 음식점만 해도 어딜 가든 청결, 맛, 서비스에 그리 큰 차이가 없다. 갈수록 이러한 보편화, 일반화 현상은 가속화될 것이다. 그리고 고객들은 이성적 판단으로 변별해서 구매를 하는 데 점점 혼란을 겪을 것이다. 그렇다 보니 새로운 차별화의 대안으로 등장한 것이 스토리텔링이다. 스토리텔링은 '스토리(story)+텔링(telling)'의 합성어로, 말 그대로 풀면 '이야기하다'라는 의미를 지닌다. 즉 상대방에게 알리고자 하는 바를 재미있고 생생한 이야기로 설득력 있게 전달하는 행위라고 할 수 있다.

최근에는 나도 이러한 스토리텔링에 관심이 많다. 그리고 스토리텔링을 장사와 접목하기 위해 많은 고민을 하면서 계획을 짜고 있다. 나는 사람들을 만나거나 방송과 언론에 소개할 때 이렇게 말한다.

"신의 환수 신환수입니다."

"먹방왕 신환수입니다."

이 소개조차 내 자신을 스토리로 만들기 위한 밑바탕이라고 할 수 있다. 이렇게 소개하고 나면 사람들은 궁금해하며 '신의 환수'와 '먹방왕'의 의미가 무엇인지 묻는다. 그러면 나는 자연스레 그 이유와 함께 나의 신념과 살아온 역정을 말한다. 이러한 소개말 하나로 정작 내 자신을 나타내고 기억할 수 있는 포석을 까는 것이다.

우리 가게만의 스토리를 만들어라

지금 세상은 스토리로 시작해서 스토리로 끝난다고 해도 결코 과언이 아니다. 현재 유행하는 브랜드나 대박이 난 가게들을 보라. 그들은 스토리텔링을 활용해 끊임없이 화제를 만들어내고 있다. 스토리텔링은 구전효과를 통해 강력한 입소문을 만들어내 엄청난 파급력을 가져온다. 따라서 어느 업종이든 스토리를 만들어내고 전파하는 데에 적극적으로 나설 필요가 있다.

이야기가 없이 사실만 나열하면 밋밋하고, 아무런 감동이나 감흥을 가질 수가 없다. 어떤 분야건 스토리가 있어야 대박이 난다. 스토리가 없으면 성장도 없다. 식당은 음식보다 스토리가 맛있어야 한다. 스토리로 감성을 자극해야 고객의 기억을 지배할 수 있다. 그러니 그냥 밥집 또는 음식점이 아닌, 이야기가 있고 인생이 있는 가게를 만들어라.

그렇다면 스토리는 어떻게 만들 수 있을까? 가장 대표적인 것으로는 TV나 미디어에 소개되는 것을 들 수 있다. 내가 운영하는 〈바다황제〉를 비롯한 전국의 유명 맛집들은 TV나 미디어에 소개되면서 자연스레 사람들의 입에 오르내리며 대박을 친 경우가 많다. 그 맛집들은 입구부터 TV나 미디어에 소개된 사진과 문구로 빼곡하다. 스토리를 만드는 데에 이것들은 가장 강력한 영향력을 미친다.

스토리를 만드는 또 하나의 방법으로는 SNS 등을 활용하는 방법이 있다. 최근 SNS는 입소문 마케팅의 대세로 떠올랐다. 따라서 당

스토리를 만들면 우리가 스토리의 주인공이 된다.

신은 SNS 유저들에게 최소한 사진기에 담을 거리를 만들어주고, 이야깃거리를 제공해 주어야 한다. 사진 한 컷, 문장 한 줄이 엄청난 매출의 나비효과를 가져올 수 있다는 것을 염두해 두고 이를 적극적으로 활용할 필요가 있다.

또한 궁극적으로는 이러한 단계를 넘어 지역 내의 명소로 자리매김하는 방법도 중요하다. 최근 나는 우리 가게만의 스토리를 만들기 위한 방편으로 '대전 관광의 시작과 끝'이라는 프로젝트를 계획해 추진 중이다. 원도심에 관한 관광 자료 및 홍보 자료를 제공하는 것은 기본이다. 이 프로젝트를 통해 대전에 대한 관광 홍보를 시작으로 대전의 역사, 교육, 문화까지 알리려고 한다. 또한 〈바다황제〉

〈바다황제〉는 대전여행의 시작과 끝에서 만나뵙고 싶습니다.

의 스토리도 구성하고 원도심의 스토리도 만들며, 대전 전체의 스토리도 채워갈 예정이다. 그래서 대전 관광하면 〈바다황제〉를 떠올리도록 만들어볼 생각이다.

앞으로 스토리의 영향력은 더욱 커질 것이다. 아울러 그것을 활용한 마케팅도 더욱 활발해질 것이다. 스토리는 미래를 담보할 수 있는 아주 강력한 마케팅 수단이다. 이는 현재에 머무는 것이 아니라 미래의 청사진을 그리는 초석이 된다. 씨를 뿌리는 자만이 거둘 수 있듯이, 우리는 현재에 만족하는 것이 아니라 더욱 밝은 미래를 향한 투자도 계획해야 한다. 특히나 스토리는 미래에 대한 투자에서 결코 빠뜨려서는 안 될 중요한 요소가 아닐 수 없다.

SNS를
마케팅 전초기지로 활용하라

SNS가 대세인 시대

최근 휴대폰과 인터넷의 대중화로 장사하는 사람들은 새로운 마케팅 영역, 즉 새로운 기회의 땅을 얻었다. 그중에서도 가장 큰 파급력과 영향력을 미치는 것으로 SNS(Social Network Service)를 들 수 있다. 따라서 국내 인구보다 더 많다는 휴대폰 보유 숫자와 전 세계에서 가장 빠른 인터넷 강국의 위상과 면모를 기반으로 한 SNS를 이제 장사하는 사람이라면 반드시 익히고, 적극적으로 활용해야 할 것이다.

이 책을 읽고 있는 당신은 나이가 많다는 이유로, 혹은 휴대폰으로는 전화를 걸고 받는 것밖에 모른다며 SNS를 배우는 것에 손사래

칠지도 모른다. 만약 그렇다면 그것은 당신이 자기 앞에 놓인 엄청난 크기의 금괴를 외면하는 것과 같다. SNS는 당신 가게에 새로운 생명을 가져올 그리고 대박을 불러일으킬 태풍의 눈, 나비의 날갯짓과 같다. 그만큼 SNS는 그 파급력이 엄청나고, 효과 또한 무궁무진하다.

예전에 가게나 식당을 알리는 데에 가시적으로 가장 좋은 효과를 보이는 것은 홍보나 광고였다. 하지만 이것을 보편적으로 실행하기란 쉽지 않은 일이었다. 홍보는 비용이 거의 들지 않거나 적은 비용이 드는 반면 미디어나 매체에 접근하는 것이 쉽지 않았고, 광고는 비용이 많이 든다는 단점이 있었다. 그 때문에 대개는 홍보나 광고를 포기하고 품질을 기반으로 해서 자연스럽게 입소문이 만들어져 전파되는 것을 최고의 마케팅이라고 생각했다.

하지만 시대는 엄청나게 달라졌다. 휴대폰과 인터넷은 이러한 수동적인 홍보와 광고와 마케팅에 패러다임의 전환을 가져왔다. 당신 손 안에 태풍을 몰고 올 만큼 강력한 마케팅 도구가 쥐어진 것이다. 그중에서도 특히 SNS는 입소문을 통한 고객 확보와 브랜드 가치 재고라는 두 마리 토끼를 잡는 것을 가능하게 만들어주었다. 어디 그뿐인가. 자신만의 이벤트, 추천하기와 같은 기능 등을 활용해 홍보를 하는 것은 물론이고 고객들과 쌍방향 소통을 함으로써 관계를 구축하는 것도 어렵지 않게 만들어 주었다.

이렇게 다양한 활동이 가능한 SNS는 자영업자들에게 마케팅의 새로운 세상을 열어주고 있다. 이것의 활용을 포기한다는 것은 말이 안 된다. 홍보처럼 접근이 어려운 것도 아니고, 광고처럼 큰 비용이 들지 않는데 활용을 하지 않겠다는 것은 장사를 하지 않겠다는 말이나 매한가지다. 장사하는 사람이라면 변화하는 고객뿐 아니라 변화하는 트렌드나 미디어 등도 적절히 활용해야 대박을 칠 수 있다. 그래서 지금 장사하는 사람들에게 가장 핫한 이슈가 SNS다. 이것을 어떻게 활용했느냐에 따라 지역적 약점을 극복하고, 매출이 엄청나게 달라지는 것을 경험한 사람이 부지기수다.

SNS, 어떻게 활용할 것인가?

우리 식당으로 전국 각지에서 장사를 하는 다양한 사람들이 거의 매일 연락을 하거나 방문한다. 그런 사람들과 이야기를 나누면서 문득 깨달은 것이 있다. 생각보다 많은 사람들이 SNS를 활용하지 않는다는 것이었다. 다른 사람들이 많이 활용하지 않는다는 것은 그만큼 기회가 된다는 의미와도 같다. 그것을 이미 활용하는 나로서는 그들보다 강력하고 좋은 강점을 하나 가지고 있는 셈이다.

장사를 하는 내게 SNS는 사실 구세주와도 같은 존재라고 해도 과언이 아니다. 경기가 너무 좋지 않아서 지독한 매출 하락 속에서 빛과 희망이 보이지 않을 때 SNS를 처음 접하게 되었다. 지푸라기라도 잡는 심정으로 매출을 신장시키는 방법을 찾다가 SNS를 접하고 배우기 시작했다. 그 당시 내게는 SNS가 희망이었고, 마지막 승부수였다. 지금 〈바다황제〉가 대전은 물론 전국에 알려지게 된 일등공신도 바로 SNS라고 할 수 있다. 그것을 내게 알려준 후배가 너무나 고맙고, 덕분에 전국에서 소문난 〈바다황제〉를 잘 운영하고 있다는 말을 전하고 싶다.

그렇다면 내가 활용한 SNS에는 어떤 것이 있을까? 그리고 효과는 어떠했을까? 개인적으로 SNS에 대해 경험한 것을 정리해보면 다음과 같다.

📍 **카카오톡, 카카오스토리** : 주 사용층이 아줌마들이라서 입소문 효과가 좋았다.

📍 **스토리 채널** : 홈페이지와 같은 성격이라서 효과가 있었다.

블로그 : 처음에는 악성글 때문에 시작했다. 하다 보니 블로그 친구들이 많은 홍보를 해줘 도움을 받았다. 각종 언론을 보고 난 후 검색을 하고 매장을 방문하기 때문에 홍보에 효과적이었다. 직접적으로 매출 증대에도 도움이 되었다.

인스타그램 : 요즘 대세지만 나이에 따라 다르다. 젊은 사람들이 많이 사용하는 탓에 그 점을 고려할 필요가 있다.

페이스북 : 주변에서 하라고 했는데도 '음식만 맛있으면 되지' 하고 안 하다가 왜 이제야 했는지 후회를 많이 했다. 〈바다황제〉에 오신 분들이 소개하고 싶다며 사진과 동영상을 많이 올린 덕분에 전국에 이름이 알려지고 매출이 증대되는 효과를 누렸다. SNS 중 가장 큰 영향을 미쳤다고 판단된다.

우리 가게는 이와 같이 페이스북과 블로그 활용을 통해 큰 효과를 보았다. 경기 하락으로 다른 가게의 매출이 30%가량 떨어질 때 SNS로 〈바다황제〉는 10%가량 상승했다. 지금은 시간이 허락하는 범위 내에서 SNS를 적극 활용하고 있다. 이를 광고 효과 금액으로 환산한다면 대략 1일 300만 원 정도 될 것이다. SNS에서, 좋아요, 댓

글, 매장 방문, 생일 축하 메시지, 안부문자를 활용하면 효과가 대박이다. 또한 이는 고객과 소통을 통해 좋은 관계로 연결된다.

이제 대박은 SNS를 통해 고객과의 관계를 어떻게 형성하느냐에 달려 있다고 해도 과언이 아니다. 흠이라면 눈이 좀 아프고, 시간이 많이 소요된다는 점이다. 하지만 그렇다고 해서 마케팅에서 대세라고 할 수 있는 SNS를 재껴두고 하지 않을 것인가. 내일을 위한 투자를 위해서라도 해보기를 강추한다.

4장. 고객만족이 궁극적인 답이다

우물쭈물하지 말고
적극적으로 대응하라

후회하지 않으려면 시도하고 생각하라

사람은 살면서 무수히 많은 후회를 한다. 그렇게 보았을 때 후회하지 않는 삶을 사는 것이야말로 성공한 삶이 아닐까 싶다. 그런데 후회하지 않는 삶을 사는 방법이 있다. 머릿속으로 생각만 하는 것이 아니라 직접 시도하는 것이다. 망하더라도 해보고 망해야 절대 후회하지 않는 법이다. 사람이 후회하는 근본적인 이유는 다름이 아니라 시도를 하지 않은 데에 있다.

나는 가게에서 일할 때 다음과 같은 각오로 일한다.

1. 저질러라. 먼저 시도 하라.

2. 망하더라도 해보고 망하자.

3. 반복에 지치지 않는 자가 성공한다.

4. 어제보다 좋은 오늘을 살자.

5. 실천은 생각보다 강하다.

이 문구들 모두가 적극적으로 행동을 하는 데 방점을 찍고 있다. 나는 생각을 깊이 하는 편이라기보다는 행동을 적극적으로 하는 사람이다. 말보다는 행동이 빠른 사람이다. 나는 아무리 깊이 고민한다고 해도 완전한 것은 없다고 생각한다. 그래서 실패나 시행착오를 거치더라도 먼저 적극적으로 행동하는 것이 더 낫다고 생각한다.

야구경기를 생각해보라. 타자가 타석에 서서 볼을 기다린다고 생각해보라. 투수가 볼을 던졌을 때 기다리고만 있다가는 타자로서의 자격을 잃기 쉽다. 방망이를 휘둘러야 타자다. 삼진을 먹더라도 휘둘러야 한다. 그래야 홈런도 칠 수 있다. 가장 많은 홈런을 친 선수들이 가장 많은 삼진을 당한 선수였다는 것을 아는가. 그들은 힘차게 방망이를 휘둘렀기 때문에 홈런왕이자 삼진왕이 될 수 있었던 것이다.

고객은 당신의 가장 좋은 선택, 가장 좋은 행동을 기다려주지 않는다. 그들을 사로잡는 방법은 적절한 상황이라면 먼저 행동하는 것이다. 그 방법이 최선이다. 거기서 잘못된 부분이 있다고 한다면 먼저 사과하고, 다시 수정하며, 반복된 잘못을 다시 저지르지 않으면 된다. 그것이 고객을 향한 최고의 대응이자 대우이다.

'긍정적인 사람은 한계가 없고, 부정적인 사람은 한 게 없다'는 말이 있다. 그럼에도 불구하고 우리는 너무나 많은 핑계를 대며 실행을 미룬다. 그리고 자기를 방어하기 위해 그 잘못을 고객에게 전가한다.

바로 즉시 실천
다함께 실천
황당하더라도 실천
제아무리 힘들어도 될 때까지 실천

걷는 자만이 앞으로 나아갈 수 있다

다음은 내가 좋아하는 김연대 시인의 '상인일기'란 시다.

하늘에 해가 없는 날이라 해도

나의 점포는 문이 열려 있어야 한다

하늘에 별이 없는 날이라 해도

나의 장부엔 매상이 있어야 한다

메뚜기 이마에 앉아서라도

전은 펴야 한다

강물이라도 잡히고

달빛이라도 베어 팔아야 한다

일이 없으면 별이라도 세고

구구단이라도 외워야 한다

손톱 끝에 자라나는 황금의 톱날을

무료히 썰어내고 앉았다면

옷을 벗어야 한다

옷을 벗고 힘이라도 팔아야 한다

힘을 팔지 못하면 혼이라도 팔아야 한다

상인은 오직 팔아야만 하는 사람

팔아서 세상을 유익하게 해야 하는 사람

그러지 못하면 가게문에다

묘지라고 써 붙여야 한다.

이 시의 구절구절을 나는 가슴속에 새겨놓고 되뇌곤 한다. 어떻게 보면 구절구절이 무섭게 느껴질 수도 있다. 하지만 이러한 각오도 없이 어떻게 열정적으로 장사를 하고, 고객을 적극적으로 대할 수 있겠는가. 당신은 고객에게 팔기 위해 존재하는 사람이다. 그렇다고 해서 싫다는 데 강매를 하거나 파는 데 목숨을 걸라는 말이 아니다. 고객에게 적극적으로 응대해 그들을 만족시키고, 감동시키라는 의미다. 그렇게 하면 파는 것은 자연스레 이루어진다.

사람은 동물적인 촉이라는 것을 가지고 있다. 즉 상대방이 적극적이고 열심히 일한다는 것을, 전해지는 에너지로 느낄 수가 있다. 거절하고 싶은데, 그렇게 하지 못했던 경우가 있을 것이다. 그때가 언제였는지 한 번 곰곰이 생각해보라. 그때 상대방은 어떤 모습이었는가?

세상의 이치는 거의 비슷하게 작동한다. 가만히 있는 자가 아니라 걷는 자만이 앞으로 나아갈 수 있다. 진정한 고수들은 싸우면서 칼을 간다. 그러니 성공을 하고 행복해지려거든 고민을 짧게 하라. 될 것 같다고 판단되면 바로 시작하라. 그리고 고객을 적극적으로 대하라. 성공과 행복에서 '적극'이라는 말은 아무리 강조해도 지나치지 않다. 이는 삶에 대한 긍정이라는 토대가 없다면 절대 존재할 수 없다.

장사의 달인을 향해
거침없이 실행하라

〈생활의 달인〉이란 프로그램을 본 사람들은 알 것이다. 그들이 얼마나 치열하게 한 곳을 향해 연구하고 나아갔는지를. 이 책을 읽은 여러분도 장사에서 그런 사람이 될 수 있기를 바란다. 아울러 이 책을 마무리하면서 정작 전하려는 말을 제대로 다 담았는지 조심스럽다.

하지만 이 책을 읽으면서 내가 집필을 한 의도를 이해했다면 충분하다. 이 책은 내 이야기를 기반으로 한 동기부여에 관한 책이다. 물을 먹이는 대신 물가로 가도록 하는 데 그 의의가 있다. 모쪼록 많은 사람들이 물가로 갈 수 있기를 기원한다.

세상에는 3종류의 사람이 있다고 한다. 알고 실천하는 사람, 알면서 실천하지 않는 사람, 몰라서 실천하지 않는 사람. 당신은 어떤 사람인가. 몰라서 실천하지 않았다면 큰 문제가 아니다. 알기 위해 공부하고 노력하면 되기 때문이다. 문제는 알면서 실천하지 않는 사

람이다. 그런 사람은 마인드를 바꿔야 한다. 그것이 세상에서 제일 어려운 일이다.

이 책을 읽고 나면 많은 분들이 연락을 취해 올 것으로 생각된다. 솔직히 두렵기도 하다. 하지만 피할 생각은 없다. 예전과 똑같이 물어오면 답해드릴 것이고, 찾아오면 반길 것이다. 그분들이 성공할수록 오히려 내가 많은 것을 얻을 수 있다.

성공이 낙타가 바늘구멍 통과하기보다 어렵다는 현실에서 많은 분들이 장사에 도전하고 있다. 그분들이 모쪼록 장사의 달인으로 거듭나 환히 웃길 기원해 본다. 거기에 미약하지만 힘을 보탤 수 있다면 큰 영광이 될 것이다. 아울러 끝까지 책을 손에서 놓지 않은 당신에게 진심으로 감사한다.

장사의 달인은 장사하지 않는다

초판 1쇄 인쇄 | 2018년 9월 10일
초판 1쇄 발행 | 2018년 9월 15일

지은이 | 신환수
펴낸이 | 김진성
펴낸곳 | 히테

편 집 | 정소연, 허 강
디자인 | 장재승
관 리 | 정보해

출판등록 | 2005년 2월 21일 제2016-000006호
주 소 | 경기도 수원시 장안구 팔달로 37번길 37, 303(영화동)
전 화 | 02-323-4421
팩 스 | 02-323-7753
홈페이지 | www.heute.co.kr
이메일 | kjs9653@hotmail.com

ⓒ 신환수, 2018
값 14,000원
ISBN 978-89-93132-63-2 03320